a mágica transformadora

de ligar o f*da-se

a mágica transformadora de ligar o f*da-se

UMA PARÓDIA PRÁTICA

SARAH KNIGHT

Como não perder o tempo que você não tem com pessoas de quem não gosta fazendo o que não quer

ALTA BOOKS
GRUPO EDITORIAL
Rio de Janeiro, 2024

A Mágica Transformadora de Ligar o F*da-se

ISBN: 978-85-508-2250-1

Alta Life é uma Editora do Grupo Editorial Alta Books.

Translated from original The Life-Changing Magic of Not Giving a Fuck. Copyright © 2015 by Hachette Book Group, Inc. ISBN 978-0-316-27072-4. This translation is published and sold by Sarah Knight, the owner of all rights to publish and sell the same. PORTUGUESE language edition published by Starlin Alta Editora e Consultoria Eireli, Copyright © 2024 by STARLIN ALTA EDITORA E CONSULTORIA LTDA.

Impresso no Brasil — 1ª Edição, 2024 — Edição revisada conforme o Acordo Ortográfico da Língua Portuguesa de 2009.

Dados Internacionais de Catalogação na Publicação (CIP)
(Câmara Brasileira do Livro, SP, Brasil)

Knight, Sarah
A mágica transformadora de ligar o f*da-se : como não perder o tempo que você não tem com pessoas de quem não gosta fazendo o que não quer / Sarah Knight. -- 1. ed. -- Rio de Janeiro : Alta Books, 2024.

ISBN 978-85-508-2250-1

1. Autoajuda 2. Convívio social 3. Relacionamento interpessoal I. Título.

24-196683 CDD-158.1

Índices para catálogo sistemático:

1. Autoajuda : Psicologia aplicada 158.1

Eliane de Freitas Leite - Bibliotecária - CRB 8/8415

Grupo Editorial Alta Books

Produção Editorial: Grupo Editorial Alta Books
Diretor Editorial: Anderson Vieira
Editor da Obra: Gorki Starlin
Vendas Governamentais: Cristiane Mutüs
Gerência Comercial: Claudio Lima
Gerência Marketing: Andréa Guatiello

Produtor Editorial: Thiê Alves
Tradução: Alberto Streicher
Copidesque: Eveline Machado
Revisão: Fernanda Lutfi
Diagramação: Joyce Matos

ALTA BOOKS
GRUPO EDITORIAL

Rua Viúva Cláudio, 291 — Bairro Industrial do Jacaré
CEP: 20.970-031 — Rio de Janeiro (RJ)
Tels.: (21) 3278-8069 / 3278-8419
www.altabooks.com.br — altabooks@altabooks.com.br
Ouvidoria: ouvidoria@altabooks.com.br

Editora
afiliada à:

Um disclaimer foda

Este livro fala sobre ligar o foda-se. Para quantificar meus métodos de forma prática, confesso que bani muitos objetos, conceitos, eventos, atividades e pessoas de minha vida. Talvez você não concorde com todas as minhas escolhas. É justo. Talvez até consiga se reconhecer nestas páginas — particularmente se tem filhos pequenos, é um entusiasta de karaokê, um amigo, um familiar ou um ex-colega meu. Em caso afirmativo, ou você está certo ou está iludido. De qualquer modo, se está ofendido por qualquer coisa que eu tenha escrito, então você **realmente** precisa deste livro. Vá imediatamente para a página 24: "Você precisa ligar o foda-se para o que os outros pensam."

Saiba também: nem fodendo que esta paródia foi preparada, aprovada, endossada ou autorizada por Marie Kondo ou seus editores.

Sumário

III

IV

Agradecimentos

Sinto-me realmente sortuda por viver em uma época na qual as traquinagens fodásticas de figuras públicas, assim como das pessoas ocasionalmente comuns, são transmitidas aos quatro cantos do mundo. Sem uma ordem particular, gostaria de agradecer a estes membros do Hall da Fama do Liga o Foda-se (Not Giving a Fuck Hall of Fame)* por me inspirar diariamente enquanto escrevia este livro.

Hall da Fama do Liga o Foda-se

3 de outubro de 1992: Sinéad O'Connor rasga uma foto do Papa no programa *Saturday Night Live.*

* Tem alguém para indicar para este Hall da Fama? Envie para magicofnotgaf@gmail.com. Adoro e-mails dos leitores!

20 de janeiro de 2015: Ruth Bader Ginsburg pega no sono durante o discurso presidencial do Estado da União... porque ela estava bêbada.

25 de julho de 1965: Dylan começa a usar guitarra elétrica.

13 de setembro de 2009: "Imma let you finish" [vou deixar você concluir] no Video Music Awards da MTV, estrelando Kanye West.

28 de fevereiro de 2011: Charlie Sheen participa do programa *Today*, exige US$3 milhões por episódio do *Two and a Half Men* e afirma ter "sangue de tigre" em seu DNA.

7 de junho de 1993: Prince muda seu nome para um símbolo impronunciável a fim de quebrar seu contrato com a Warner Brothers.

15 de dezembro de 2011: RIP Christopher Hitchens, tacador de foda-ses.

10 de março de 2003: Natalie Maines fala para seu público em Londres que as Dixie Chicks "têm vergonha que o presidente dos EUA é do Texas".

19 de outubro de 2015: um passageiro supostamente estrangula uma mulher durante um voo da Southwest Airlines porque ela reclinou seu assento sobre ele.*

---

* http://gawker.com/man-allegedly-strangles-woman-over-reclining-seat-1737308260.

16 de fevereiro de 2007: Britney Spears raspa a cabeça, faz tatuagem e, uma semana depois, ataca um carro com um guarda-chuva.

21 de outubro de 1992: Madonna publica um livro de mesa com fotos eróticas intitulado *Sex,* em que aparece seu namorado da época... Vanilla Ice.

21 de setembro de 2015: Pizza Rat liga o *foda-se.*[*]

* * *

Meu marido, Judd Harris, liga a maioria de seus foda-ses para mim diariamente. E não é só isso, ele me ajuda a viver minha melhor vida desde 1999. O cara é foda.

Minha agente, Jennifer Joel, é a personificação da sofisticação e da classe, então seu selo de aprovação para este projeto significou muito para mim. Seu apoio foi completo e inabalável desde o primeiro passo. Ela é uma estrela foda.

Meu editor, Michael Szczerban, me salvou de mim mesma em diversas páginas, e isso com os prazos apertados e grande desenvoltura. Ele é um editor brilhante e um cara foda de bom.

Muita gente na Little, Brown and ICM — incluindo, mas não se limitando a, Ben Allen, Reagan Arthur, Sabrina Callahan, Meghan Deans, Nicole Dewey, Liz Farrell, Lauren Harms, Sarah Haugen, Andy LeCount, Charles McCrory, Garrett McGrath,

---

* https://www.youtube.com/watch?v=UPXUG8q4jKU.

Madeleine Osborn, Miriam Parker, Tracy Roe, Cheryl Smith e Tracy Williams — deu seu foda-se livremente para todos os aspectos da publicação deste livro. Jane Sturrock da Quercus no Reino Unido, Frederika Van Traa da Kosmos na Holanda, Mariana Rolier da Rocco no Brasil e Ulrike von Stenglin da Ullstein Verlag na Alemanha lideraram a campanha internacional. Vamos lá, Equipe LOFS!

Meus pais não se importaram nada com o título. Já no caso da minha avó, disseram a ela que eu estava escrevendo um livro sobre patos.

Por fim, *A Mágica Transformadora de Ligar o F*da-se* não teria sido tão abrangente sem a contribuição de centenas de pessoas do mundo todo que responderam à minha pesquisa anônima e que, portanto, permanecerão anônimas. Também recebi inspiração de algumas dezenas de amigos e familiares ao longo do caminho, e que provavelmente *preferem* permanecer anônimos. Consigo respeitar isso.

Ao ler o livro, cada um de vocês saberá a quem me refiro — e também que sou muito agradecida.

Sobre a autora

GEORGE TOWNLEY

Sarah Knight vive no Brooklyn (quando é calor em Nova York) e na República Dominicana (quando não é) com seu marido e seu gato malcomportado, Doug. Em 2015, ela saiu de seu trabalho corporativo para ser freelancer — uma mudança que lhe permitiu ligar mais o foda-se para o inverno, as reuniões e as conference calls, e menos para os raios do sol e os mojitos. Editora, escritora e formada com honras na Universidade Harvard (2000), onde também foi a primeira presidente mulher da história do Hasty Pudding Theatricals, ela está na expectativa de começar a chover convites a qualquer momento para palestrar na universidade onde estudou. Saiba mais no site sarahknightbooks.com ou siga-a no X e no Instagram @MCSnugz.

a mágica transformadora

de ligar o f*da-se

Introdução

Se você é como eu, acabou não ligando o foda-se para muitas coisas e por tempo demais. A vida o sobrecarregou e o levou além dos limites. Estressado, ansioso, talvez até em pânico com relação aos seus compromissos.

*A Mágica Transformadora de Ligar o F*da-se* é para todos nós que trabalhamos demais, nos divertimos de menos e nunca temos o suficiente para nos dedicar às pessoas e às coisas que realmente nos deixam felizes.

Eu tinha quase 30 anos quando comecei a perceber que era possível ligar muitos foda-ses, mas foi quando tinha quase 40 que descobri como fazer isso em grande escala. Este livro é o ápice de tudo que aprendi sobre ligar o foda-se, um testemunho ao prazer que isso me deu e um guia passo a passo para todos que querem se libertar das amarras que não lhe deixam dizer foda-se e buscar uma vida mais feliz e saudável.

Se o título lhe soa familiar, parabéns! Você não estava vivendo em uma caverna quando o livro *A Mágica da Arrumação*, da especialista japonesa em organização Marie Kondo, chegou às listas dos mais vendidos no mundo todo. Milhões de pessoas descobriram o Método KonMari de dois passos, desfazendo-se de coisas que não "trazem alegria" e organizando o que sobrou. O resultado é um espaço limpo e tranquilo que, como diz a Sra. Kondo, promove a transformação até fora de casa.

Então, o que um livro japonês sobre arrumação tem a ver com meu manifesto sobre ligar o foda-se?

Ora, ora, estava demorando para perguntar, hein!?

Por mais formal, elegante e eficaz em organizar sua bagunça física que a Sra. Kondo possa ser, eu tenho algo diferente reservado para você...

Arrumando a porra da sua gaveta

No terceiro trimestre de 2015, eu saí do meu trabalho em uma grande editora, uma carreira que vinha construindo há quinze anos, para abrir minha própria empresa como editora e escritora freelancer. No dia em que saí do edifício altíssimo onde trabalhava — escorregando naquela escada corporativa mais rápido do que uma stripper descendo do pole após a última dança da noite —, eliminei uma categoria inteira de foda-ses que eu não havia dito aos meus supervisores, aos meus colegas de trabalho, ao meu deslocamento de casa ao escritório, ao meu guarda-roupa, ao meu despertador e a muito mais.

Comecei a ligar o foda-se para a Conferência de Vendas. Comecei a ligar o foda-se para o "business casual" e as "reuniões na prefeitura". Parei de ficar contando os dias para as férias como se fosse uma prisioneira registrando na parede da cadeia quanto tempo falta até sua liberdade.

Quando fiquei livre do fardo tedioso da vida corporativa, naturalmente tive mais tempo livre à minha disposição e liberdade de gastá-lo como quisesse. Dormia até a hora em que estava me sentindo bem para levantar, almoçava com meu marido, fazia um ou dois freelas (ou talvez ia à praia) e evitava o metrô de Nova York da forma mais possível a um humano.

E também li *A Mágica da Arrumação*. Como sou uma pessoa geralmente organizada, não achei que precisava tanto assim dos conselhos da Sra. Kondo, mas sempre estou buscando maneiras de deixar meu apartamento mais parecido com aqueles mostrados na revista *Real Simple* — e, olha só, o tempo era todo meu para trabalhar, cochilar ou eliminar a bagunça, como eu quisesse.

Bem, deixa eu lhe contar, o título daquele livrinho entrega o que promete. Foi quase… ouso dizer… *mágica*?

Em poucas horas, eu havia aplicado o Método KonMari na gaveta de meias do meu marido, o que envolve se livrar das meias que você não gosta e nunca usa (ou, nesse caso, as meias que eu sabia que *ele* não gostava e nunca usava), depois, dobrar o restante a fim de que pareçam soldadinhos em posição de sentido para que, da próxima vez que abrir a gaveta, possa vê-los todos de uma só vez. Depois de ver os resultados, meu marido — que no início pensava mesmo que eu estava doida ao gastar meu tempo arrumando a gaveta de meias dele — acabou se "convertendo". Ele arrumou o restante de suas gavetas e seu armário, tudo sozinho e no dia seguinte.

Se você não leu o livro da Marie Kondo, permita-me explicar por que ficamos tão motivados para fazer essa arrumação.

Além de descartar peças de roupa das quais não gostávamos ou precisávamos (ficando animados com todas as opções restantes), diminuímos o tempo gasto pensando no que vestir (porque podíamos ver tudo em uma gaveta com apenas um olhar), nada se "perde" mais em uma gaveta (porque seguimos o método da Sra. Kondo de colocar as roupas em pé após dobrá-las) e lavamos muito menos roupas (porque paramos de nos enganar achando que "não" tínhamos roupas quando, de fato, as boas estavam amarrotadas no fundo do armário e embaixo das calças que não servem mais).

Ou seja: a vida está significativamente melhor agora que podemos ver todas as nossas meias. E, durante cinco semanas, tentei convencer a todos que quisessem ouvir sobre o método (e muitos que não queriam).

De repente, com toda aquela situação de ter pedido as contas e ficar arrumando as meias, percebi que estava com um tipo de humor transformador!

Enquanto contemplava minha casa excepcionalmente arrumada, senti-me mais em paz, mais segura. Gosto de ver a cozinha limpa e o armário mais organizado. Mas foi a liberdade que senti ao sair de um trabalho em que não estava feliz — e de poder trazer pessoas, coisas, eventos e hobbies que me deixavam feliz *de volta* à minha vida — que realmente fez surgir a alegria. Essas coisas não haviam sido substituídas por 22 pares de meias enroladas, mas por **obrigações demais e por bagunça *mental* demais.**

Foi então que me caiu a ficha... a questão não são as meias, né?

Não me entenda mal, admiro Marie Kondo por ter começado uma revolução de organização de espaços físicos para trazer mais alegria à vida das pessoas. Deu certo para mim, e está claramente dando certo para milhões de pessoas no mundo todo. Mas, como ela diz em seu livro, "a vida realmente começa depois que você arrumou sua casa".

Bem, coloquei minha casa em ordem. Mas a mágica real começou quando me concentrei em meus foda-ses.

Voltemos um pouquinho no tempo.

A arte da arrumação mental

Eu nasci programada para não ligar o foda-se. Talvez, você também.

Como me autodenomino uma perfeccionista que sempre quer fazer mais coisas, sempre segurei meus foda-ses ao longo de minha infância e adolescência. Importava-me com as coisas e dava conta de inúmeros projetos, tarefas e provas padronizadas para provar que era digna do respeito e da admiração de minha família, amigos e até conhecidos casuais. Socializava com pessoas de quem não gostava para transparecer benevolência; realizava trabalhos que não eram meus para parecer útil; comia coisas que me davam nojo para parecer elegante. Resumindo, segurei meus foda-ses por muitíssimo tempo.

Isso não era vida.

A primeira vez que conheci alguém que ligava o foda-se foi quando estava com cerca de 21 anos. Vamos chamá-lo de Jeff. Empresário bem-sucedido com um grande círculo de amigos, Jeff simplesmente não se incomodava com as coisas que não queria fazer. E, ainda assim, era muito querido e respeitado. Ele não aparecia no recital de dança do filho de um amigo nem assistia você terminar a corrida de 5 mil metros, mas estava tudo bem, porque ele é assim, sabe? Era um cara perfeitamente legal, sociável e bem considerado, mas claramente reservava coisas importantes para as quais não tacar o foda-se — ter um relacionamento próximo com seus filhos, jogar golfe e assistir *Jeopardy!* todas as noites. O resto?

Ligava. O. Foda-se.

Ele sempre parecia estar positivamente satisfeito consigo mesmo e, bem, feliz.

Hum, é o que eu sempre dizia depois de passar um tempo com ele. *Queria ser mais como Jeff.*

Mais tarde, com vinte e poucos anos, tive um vizinho no andar de baixo que era um completo pesadelo. No entanto, por algum motivo, eu me importava o bastante com sua opinião sobre mim a ponto de me submeter aos seus pedidos malucos (como na vez em que forçou um colega a ficar caminhando forte em meu apartamento usando botas de salto alto enquanto eu *prestava atenção* com ele, lá em sua sala de estar no andar de baixo, não ouvindo nada, mas entrando em seu jogo e concordando que "fazia um pouquinho de barulho").

Claramente, ele era perturbado — então por que eu me importava se ele gostava ou não de mim? Olhando para trás, eu deveria ter começado a ligar o foda-se para o Sr. Rosenberg na primeira vez em que acusou minha colega de quarto de estar "fazendo exercícios pesados" na cama acima da sua... quando ela estava viajando na Europa por duas semanas.

Então, quase aos 30 anos, fiquei noiva e comecei a planejar meu casamento — algo que exige não ligar o foda-se para uma cornucópia de coisas: orçamento, local, bufê, vestido, fotos, flores, banda, lista de convidados, convites (o texto e a qualidade do papel), votos, bolo e todo o restante — a lista é grande. Realmente me importava com muitas dessas coisas, mas com muitas outras, não; e, contudo, não liguei o foda-se para cada uma delas porque não sabia como. Estava tão estressada que **acabei me tornando o menos satisfeita e feliz possível**. Quando chegou o grande dia, eu estava com enxaqueca, uma dor persistente de barriga e uma alergia do mesmo tom rosado que o detalhe floral do meu vestido.

Em retrospecto, será que brigar com meu marido sobre tocar ou não a música "Brown-Eyed Girl" na festa valeu a pena?

Será que a atenção minuciosa com relação aos detalhes dos aperitivos servidos foi realmente necessária, quando não comi nada porque foram servidos durante nossas fotos?

Não.

Mas — e foi aqui que o jogo começou a virar muito suavemente —, tive uma vitoriazinha: talvez não pudesse ter ligado o foda-se para a lista de convidados (porque *definitivamente* não fiz isso com o orçamento), mas sabe para o que taquei o foda-se? O mapa indicando onde os convidados deveriam se sentar!

Ao decidir que todos os convidados para meu casamento eram bem crescidinhos e que não precisavam da minha ajuda para escolher um assento para ter o privilégio de comer, encher a cara e se divertir à minha custa, eu havia eliminado horas — talvez doze ou mais — que seriam passadas estudando o mapa do espaço do evento e mexendo daqui para lá e de lá para cá os lugares de tias, tios e convidados, como se fossem peças de uma porra de ábaco. Ponto para mim!

Depois daquela rapidinha com meu marido no dia do casamento, eu estava exausta. Estava no meu limite. E, ainda assim, consegui ver o lado positivo de ter abandonado a atividade de escolher os assentos dos convidados. Eu sabia que isso *deveria* ser importante para mim, mas não era. Em vez de colocar esse sentimento de obrigação na frente da minha própria preferência pessoal, simplesmente decidi ligar o foda-se e deixar as bundas se sentarem onde bem quisessem. E veio alguém reclamar para a noiva envergonhada? Não, ninguém.

Hum...

De pouco em pouco ao longo dos vários anos seguintes **comecei a ligar o foda-se para as pequenas coisas que me incomodavam**. Disse "não" a dois convites para happy hour. Desfiz a amizade com algumas pessoas realmente irritantes no Facebook. Recusei o sofrimento de ter que fazer outra "leitura" de sua "peça".

E, pouco a pouco, comecei a me sentir melhor. Menos sobrecarregada. Mais em paz. Passei a desligar o telefone na cara dos vendedores; recusei participar de uma excursão com crianças no fim de semana; parei de assistir à segunda temporada de *True Detective* depois de apenas um episódio. Estava me tornando meu eu verdadeiro, capaz de dar mais atenção às pessoas e às coisas que, de fato, como Marie Kondo diria, criavam alegria.

Não demorou até perceber que eu tinha meus próprios insights a compartilhar com relação à mágica transformadora da vida.

Algo lhe traz alegria? Então, de todos os modos possíveis, continue não ligando o foda-se para isso.

Porém, talvez a questão mais pertinente seja:

Algo lhe incomoda?

Se sim, então precisa começar a ligar o foda-se o mais rápido possível. E posso lhe mostrar como.

Desenvolvi um programa de **arrumação e reorganização de seu espaço *mental* ao ligar o foda-se**, no qual *ligar o foda-se* significa não gastar tempo, energia e/ou dinheiro com coisas que não o fazem feliz nem melhoram sua vida (incomodam), para que você tenha *mais* tempo, energia e/ou dinheiro para dedicar às coisas que trazem alegria.

Eu o denomino Método Não Lamento. Ele tem dois passos:

1. Decidir para quais coisas pode ligar o foda-se.
2. Ligar o foda-se para essas coisas.

E, é claro, "Não Lamento" é como você deve se sentir ao realizar isso.

Meu método é muito simples — e este livro lhe dá as ferramentas e a perspectiva para dominá-lo, e para melhorar radicalmente sua existência cotidiana. **De fato, quando começar a implementar o Método Não Lamento, nunca mais vai querer ficar guardando seus foda-ses à toa novamente.**

A mágica de ligar o foda-se

Neste livro, você aprenderá:

- Por que não ligar o foda-se para o que os outros pensam é seu pior inimigo — e como parar com isso.
- Como criar categorias para coisas que merecem seu foda-se, facilitando a identificação (incômodo ou alegria).
- Critérios simples para ligar ou não o foda-se ("isso afeta mais alguém além de mim?").
- Os segredos para ligar o foda-se *sem* ser um cuzão.

- A importância de criar (e manter) um Orçamento do Foda-se.
- Como dominar a arte de dar mais e melhores foda-ses pode transformar sua vida.
- E muito, mas muito, mais!

Apenas pense em como sua vida seria melhor se você pudesse dizer não às coisas para as quais realmente quer ligar o foda-se e ter mais tempo, energia e dinheiro para dizer sim às coisas com que se importa.

Por exemplo, quando comecei a ligar o foda-se para a maquiagem antes de sair para o supermercado, ganhei dez minutos de lazer para me sentar no sofá e ler a revista *Us Weekly* que havia acabado de comprar nesse mesmo supermercado.

Ou, quando comecei a ligar o foda-se para chás de bebê — um evento que *detesto* totalmente —, ganhei incontáveis tardes dominicais de liberdade!

E o que faço com todo esse tempo ganho ao não ir aos chás de bebê? Veja bem, começo me servindo uma dose dupla de Patrón, depois, com apenas alguns cliques, compro online uma bombinha de tirar leite para a futura mamãe, então ofereço um brinde aos peitos da minha colega de quarto da faculdade, vencedores do concurso de camiseta molhada de 1998 no Cabo Wabo Spring Break.

Adeus, senhoritas!

Dez minutos online ou quatro horas de joguinhos de decoração de fraldas e bebida sem álcool? Para mim, é facílimo decidir. Para você, pode ser que um chá de bebê seja uma atividade que não mereça seu foda-se, ao passo que atividades como ficar caçando "vendinhas de garagem" todos os fins de semana com o amor do seu coração, que adora uma barganha, lhe causem um incômodo infinito.

Os detalhes não importam. O que importa é, caso siga meu Método Não Lamento para ligar o foda-se, seu espírito ficará mais leve, sua agenda ficará mais livre e seu tempo e sua energia serão gastos apenas com coisas e pessoas de quem você gosta.

Mudará sua vida. Juro por Deus.

1

Sobre ligar e não ligar o foda-se

Pergunte-se o seguinte: *estou estressado, sobrecarregado e/ou decepcionado com a vida?*

Se respondeu sim, então pause por um momento e pergunte-se: *por quê?*

Posso apostar que a resposta é: porque você não liga muito o foda-se. Ou, mais especificamente, porque *acredita que não pode* ligar esses foda-ses.

Estou aqui para ajudar.

Durante este livro, você verá o termo *ligar o foda-se* usado de duas formas:

- Há o sentido coloquial de não se importar com algo, que entra no Passo 1 (decidir a quais coisas pode ligar o foda-se).
- E há o sentido literal de realmente não se importar *com* alguém ou algo, na forma de tempo, energia e/ou dinheiro. Isso entra no Passo 2 (ligar o foda-se para essas coisas).

Em ambos os sentidos, a única maneira de mudar sua vida para melhor é começar a *ligar o foda-se*. Meu Método Não Lamento minimiza o tempo, a energia e o dinheiro que você despende com pessoas e coisas inúteis. Admita: você sabe exatamente sobre quem e o que estou falando!

E não precisa ser assim. Portanto, vamos começar?

Por que eu deveria ligar o foda-se?

Essa é uma das perguntas essenciais da vida. Ou, pelo menos, deveria ser.

Em vez de sair dizendo *sim*, SIM, ***SIM!!*** de forma indiscriminada a tudo e a todos que demandam seu tempo, sua energia e/ou seu dinheiro (incluindo a compra e a leitura deste livro), a primeira coisa que deve se perguntar antes de pronunciar essa palavrinha safada com três letras é: *devo ligar o foda-se?*

Talvez não perceba, mas há um limite para as coisas às quais você não deve ligar o foda-se, que é finito e uma commodity preciosa. Se você poupar muitos foda-ses, ficará sobrecarregado — é como ir guardando pãezinhos em casa, mais cedo ou mais tarde, estragarão —, o que o faz sentir-se ansioso, estressado e desesperado. Isso não é nada bom! Posteriormente, você fará um Orçamento do Foda-se, que o ajudará a valorizar, priorizar e parar de ficar guardando tantos foda-ses de forma desnecessária e eterna.

Porém, antes de falarmos sobre quando ligar o foda-se, vejamos quando você *não deve* ligá-lo.

Você não deve ligar o foda-se quando algo (humano, inanimado ou conceitual) lhe traz alegria e não o incomoda. Às vezes esse cálculo é fácil e a decisão é óbvia. Viva! Muito legal. No entanto, com mais frequência — e o motivo pelo qual você precisa do Método Não Lamento —, você não está parando para fazer qualquer cálculo ou está errando a conta.

A maioria das pessoas deixa de ligar o foda-se sem muita ponderação. Sentimentos de culpa, obrigação ou ansiedade as fazem se comportar de tal modo que, embora seja o menos questionável possível para os outros, é muitas vezes danoso aos seus próprios níveis de irritação ou alegria.

Isso não faz sentido e é contraprodutivo para você viver sua melhor vida. (Se não quiser viver sua melhor vida, pare de ler este livro agora.)

Continua aí?

Certo, então responda esta charada: **em vez de se sentir culpado, obrigado e ansioso, não preferiria se sentir empoderado, benevolente e despreocupado?** Você seria como o Papai Noel, só que, em vez de brinquedos, teria um saco cheio de foda-ses que distribuiria para os meninos e as meninas que os merecem.

Você pode ser o Papai Noel do foda-se!

Portanto, pare de dizer sim logo de cara para agradar aos outros e reserve um momento para se questionar não apenas **se vale a pena guardar um foda-se (isto é, importar-se) *para*** o caso em questão, mas também **se não merece *ligar* um foda-se (isto é, consome seu tempo, sua energia e/ou seu dinheiro) *para* ele** registrado em seu Orçamento do Foda-se.

Somente após responder honestamente a essas perguntas é que poderemos não ligar nosso foda-se para pessoas, coisas, tarefas, eventos, ideias e buscas que não nos incomodam, oferecendo assim uma capacidade maior para a alegria.

Quando você pensa nisso, a vida é uma série de escolhas do tipo "sim ou não", de ligar ou não o foda-se. Se você continuar no caminho atual, então no fim de cada dia, semana ou mês, provavelmente estará abarrotado de foda-ses, que é quando perceberá que todas as vezes que não os ligou foi para o benefício de todos, exceto para VOCÊ.

O Método Não Lamento muda isso tudo.

Chegou a hora de mudar o roteiro, reverter a maldição e parar de ligar seu foda-se para as coisas erradas e pelos motivos errados.

Ligando o foda-se: O beabá

Ligar o foda-se significa cuidar primeiro de você mesmo: como colocar sua própria máscara de oxigênio antes de ajudar os outros.

Ligar o foda-se significa permitir-se dizer não: não quero; não tenho tempo; não tenho dinheiro.

Ligar o foda-se significa, crucialmente, libertar-se da preocupação, da ansiedade, do medo e da culpa associados a dizer não: isso lhe permite parar de perder o tempo que você não tem com pessoas de quem não gosta e fazendo o que não quer.

Ligar o foda-se significa reduzir a bagunça mental: eliminar pessoas e coisas chatas de sua vida, abrindo espaço para realmente curtir as coisas para as quais *não* deve ligar o foda-se.

Isso pode parecer egoísta, e é. Mas também cria um mundo melhor para todos ao seu redor.

Você não se preocupará mais com as coisas que *precisa* fazer e começará a focar as coisas que *quer* fazer. Será mais feliz e genial no trabalho; seus colegas e clientes se beneficiarão. Você estará mais descansado e será mais divertido com seus amigos. Talvez passe mais tempo com sua família — ou menos, tornando esses momentos mais preciosos.

E você terá mais tempo, energia e/ou dinheiro para se dedicar a viver sua melhor vida. As pessoas que abraçam a mágica transformadora de ligar o foda-se estão VENCENDO.

Você quer ser uma dessas pessoas, não quer?

Quem são as pessoas míticas que ligam o foda-se?

Em minha experiência, as pessoas que ligam o foda-se pertencem a uma destas três categorias:

Crianças

Cuzões

Iluminados

Crianças

As crianças já têm o sucesso praticamente na mão. Elas ligam o foda-se porque *podem*. Geralmente, suas necessidades básicas são atendidas pelos adultos em sua vida e, mesmo que não sejam, as crianças mal podem ver a diferença. Pense nisto: se outra pessoa fosse responsável por lavar as roupas que você usa, todos os dias, você se importaria caso derramasse molho de tomate em sua camisa branca ou virasse um pote de iogurte sobre a cabeça? É claro que não. Se tudo que tivesse que fazer fosse começar a gritar a plenos pulmões até alguém lhe trazer um copo de água ou um brinquedo novo, você deixaria de ligar o foda-se por ter esquecido onde deixou seu copo ou por ter afogado seu boneco Elmo na privada infantil? É claro que não! E, se você não tivesse desenvolvido totalmente suas habilidades motoras simples, não ligaria o foda-se para ter que amarrar seus cadarços? Obviamente que sim!

Parte do motivo pelo qual as crianças ligam o foda-se é que elas não possuem experiência de vida. Suas mentes estão organizadas, pois as merdas do mundo ainda precisam ser acumuladas sobre elas. Elas não *têm* nada para organizar, mentalmente falando.

Esses merdinhas sortudos.

Mas a vida não é justa, e eles não podem permanecer crianças para sempre, nem você. A certa altura, todos temos que engolir isso e parar de usar tênis com velcro. O que você *pode* fazer é encontrar novamente seu caminho de equilíbrio no qual o fardo de ser adulto é aliviado ao abraçar o toque infantil de ligar o foda-se.

Cuzões

Em seguida, temos os cuzões. Eles ligam o foda-se porque são geneticamente predispostos a conseguir o que querem não importa quem precisem ofender, passar por cima ou — sim — foder ao longo do caminho. (Nota: algumas crianças também são cuzonas, mas, para nossos propósitos, isso não importa.) Diferentemente do meu colega Jeff, essas pessoas geralmente não são respeitadas nem queridas. Temidas, quem sabe, mas não queridas.

Os cuzões ligam o foda-se para 10 coisas

1. Espaço pessoal dos outros
2. Fazer você esperar
3. Falar alto em locais de silêncio
4. Jogar lixo no chão
5. Dar uma gorgeta justa
6. Causar cheiro ruim em espaços fechados
7. Dar seta
8. Bloquear a escada rolante
9. Limpar o cocô de seus pets
10. Ser percebidos como cuzões

Caso ser querido seja importante para você, então não desejará virar um cuzão. Claro, pode até conseguir liberar algumas noites por semana em sua agenda, mas não será porque você passou a controlar seus foda-ses e parou de ligá-los para os eventos dos quais realmente queria participar e as pessoas que realmente queria ver. Será porque os convites apenas pararam de chegar até você.

Não, meu método não serve para lhe mostrar como ter tudo que quer — e nada do que não quer — *ao mesmo* tempo em que é percebido como uma pessoa legal. O que me leva aos...

Iluminados

Isso mesmo. Você pode obter a iluminação sem virar um cuzão. É possível reverter isso para aquele estado infantil de ligar o foda-se, mas com uma autoconsciência que as crianças não conseguem ter. Veja, há uma longa lista de coisas para as quais ainda não ligo o foda-se (pontualidade, dormir oito horas por noite, pizza artesanal), e perto do topo dessa lista está ser educada. Honesta, mas educada.

Por exemplo, se você for do tipo de pessoa que envia uma nota de agradecimento escrita à mão aos seus amigos depois de passar o fim de semana na casa deles perto do lago, é improvável que esses amigos ficarão ofendidos quando você recusar um próximo convite... para ir com eles a um evento que adoram: Feira Renascentista.

Isso é só bom senso. Você gosta de casas perto do lago e odeia Feiras Renascentistas? Envie um cartão de agradecimento; não seja um cuzão. Todo mundo sai ganhando!

Como posso ser uma dessas pessoas?

*A Mágica Transformadora de Ligar o F*da-se* foi desenvolvida para ajudá-lo a alcançar um estado iluminado de ligar o foda-se **sem cometer os mesmos erros que eu cometi**.

Explicarei cada passo, ajudando-o a fazer um inventário de seus foda-ses, ensinando-o a identificar quando não deve ligá-lo e, quando sim, como fazer isso sem ser um cuzão.

Veja, minha própria jornada rumo a uma vida ligando o foda-se não foi isenta de pedras no caminho. Quando havia acabado de começar, passei a ligar o foda-se de maneira perigosa; tentei implementar um Não Lamento de alto nível com relação aos meus amigos e familiares — como recusar convites antecipadamente a uma bris [brit milá, o costume judaico de circuncisão dos nenês] antes mesmo de ter sido enviado. Eu estava tão ávida para ligar o foda-se para os cerimoniais religiosos que me esqueci de segurar o foda-se com relação aos sentimentos do meu amigo. No mesmo instante em que enviei um e-mail dizendo *só para você saber, não participo de cerimônias de bris*, sua esposa estava em trabalho de parto do primeiro filho. Parabéns para mim... Ainda sinto muito por ter feito isso.

Refinei minha abordagem.

O âmago do Método Não Lamento é "não ser um cuzão". Afinal, eu não queria perder amigos, só queria gerenciar meu tempo de forma mais eficaz para que pudesse ter mais alegria (e menos irritação) por estar *com* meus amigos.

E descobri que uma combinação de honestidade e educação, aplicadas em conjunto e em vários graus de diferença (dependendo do que a situação pede; veja "e-mails sobre bris enviados num momento infeliz"), resulta na transição mais suave para ligar mais o foda-se.

Porém, **o precursor fundamental para implementar meu Método Não Lamento** — antes mesmo de chegarmos ao Passo 1 ou de sermos honestos e educados — é ligar o foda-se para o que os outros pensam.

Vejamos isso em detalhes.

Honestidade e educação: uma dupla dinâmica

Para você chegar ao ápice do Não Lamento no processo de ligar o foda-se, só a honestidade não adiantará, tampouco a educação por si só. Você poderia ser extremamente honesto, mas rude demais, o que significa que alguém merece suas desculpas. Ou pode ser supereducado e mentir para cacete. Mentir educadamente é uma coisa, mas, se for pego em uma mentira gigantesca, garanto que se arrependerá, o que meio que acaba com todo o propósito do Método Não Lamento. O segredo é fazer uma combinação perfeita, como as duplas dinâmicas Siegfried e Roy; Hall e Oates; e Batman e Robin. Juntos, são capazes de fazer mágicas, alcançar todas as notas certas e salvar o dia. Sempre se complementando, mesmo que um se destaque mais às vezes ou seja atacado por um tigre em outras.

Você precisa ligar o foda-se para o que os outros pensam

Se o Método Não Lamento destranca a porta para a mágica transformadora, ligar o foda-se para o que os outros pensam é como você chega na casa, para começar. Caso contrário, ficará nadando como um cachorrinho no fosso que circunda o Castelo da Iluminação, gastando toda sua energia tentando manter a cabeça fora d'água e não virar comida de jacarés famintos.

Ligar o foda-se para o que os outros pensam abre caminho para você dar o Passo 1 (decidir ligar o foda-se). Depois, poderá expressar suas decisões de maneira positiva e produtiva ao dar o Passo 2 (ligar o foda-se).

E pode fazer isso sem ofender ou enfurecer ninguém! (A menos que realmente queira; às vezes, pode ser divertido.)

Porém, comecemos do início.

Por favor, escute quando digo: sabe aquela vergonha e aquela culpa que você sente quando está tentando muito ligar o foda-se? Geralmente não é porque você está *errado* em não ligá-lo. É porque está preocupado com o que os outros podem achar sobre sua decisão.

E sabe o quê? **Você não tem controle sobre o que os outros pensam.**

Pelo amor de Deus, você já tem uma baita dificuldade tentando entender o que *você* pensa! Acreditar que tem qualquer controle sobre o que os outros pensam — e ficar guardando seus foda-ses nessa empreitada — é inútil. É uma receita para o fracasso em uma escala fodida de grande.

Em termos de como seus foda-ses afetam os outros, tudo que você pode controlar é seu comportamento com relação aos *sentimentos* deles, e não às *opiniões* deles. São dois componentes muito distintos relacionados a "o que os outros pensam", assunto no qual me aprofundarei em instantes. Mas, por ora, vejamos meu método de ação com relação a ligar seu foda-se para coisas que você pode e não pode controlar.

Enquanto eu lutava com a ideia de sair do meu trabalho corporativo e começar a ser freelancer, estava extremamente ansiosa sobre todos os aspectos de minha decisão — no topo da lista, abandonar meu "plano de carreira" e soltar uma bomba na minha conta bancária. Mas também estava consumida pela preocupação sobre o que os outros (amigos, familiares, chefe, colegas) pensariam a respeito da minha decisão. *Ela é preguiçosa? Cheia de caprichos? De repente ficou rica demais para continuar trabalhando? Ela não se importa conosco, que precisaremos preencher o buraco que ficará?*

Agora que sou uma praticante experiente do Não Lamento, consigo entender esses sentimentos.

1. Eu sentia felicidade em trabalhar — apenas não queria mais trabalhar *naquele* emprego específico. Se os outros acham que sou preguiçosa, a porra do problema é deles.
2. Considerei e planejei muito minha decisão, e não é da conta de ninguém, além da minha, se não houvesse feito isso.
3. E, negativo, não ganhei na loteria. (Mas foda-se você se eu tivesse ganhado — você também sairia do seu trabalho e sabe disso.)

Olhando para trás, essas eram preocupações relativamente pequenas. A principal era se, ao pedir as contas, eu deixaria *a vida de outras pessoas* fora de controle temporário e se elas ficariam magoadas e me culpariam por isso.

E sabe de uma coisa? Quando você vê isso sob esse ângulo, **essas coisas não são da minha conta!**

Eu tive que decidir ligar o foda-se para as coisas que não podia controlar (como quanto tempo levaria para meu empregador me substituir) e não ligar o foda-se apenas para as coisas que PODIA controlar (como não acordar às 7h, deixar para trás meu maravilhoso marido que ainda estava dormindo e a vista serena do parque para pegar um metrô fedido por 45 minutos rumo a um trabalho que não queria mais desempenhar).

Comecei a não ligar o foda-se para uma ou duas coisas como "onde será meu próximo freela" e "manter meu site atualizado". Mas fazia isso com alegria, pois a vida como freelancer me permite dormir mais. E passar mais tempo com meu marido. E meu deslocamento agora é de 10 metros, da minha cama até o sofá.

Quando entendi a diferença entre não ligar o foda-se para alguma coisa e não ligar o foda-se para o que os outros *pensam* com relação ao que eu ligo ou não meu foda-se, tudo começou a se ajeitar.

Sentimentos versus opiniões

É possível que você esteja hiperventilando neste momento. Não há do que se envergonhar. Talvez esteja pensando: *não consigo parar de me preocupar com o que os outros pensam. Está no meu DNA!*

Bem, escute: seu DNA tem um limite. Para poder viver sua melhor vida, você terá que hackear o sistema.

Há dois motivos pelos quais você tende a não ligar o foda-se para o que os outros pensam: 1) porque não quer *ser* uma pessoa ruim e 2) porque não quer dar a *impressão* de ser uma pessoa ruim.

É claro, você deve continuar não ligando o foda-se para o que os outros pensam quando o assunto é o *sentimento* deles (ou seja, você machucará ativamente esses sentimentos ao ligar o foda-se para a situação em questão?). Porém, sejamos honestos: você sabe muito bem quando está magoando os sentimentos de alguém. Não seja um cuzão.

O que estou dizendo é que você pode ligar o foda-se para o que os outros pensam quando o assunto é a *opinião* deles. E, se puder aprender a falar o **Idioma da Opinião**, verá que é muito eficaz. É honesto, educado e extremamente apaziguador! Você não *será* um cuzão nem *parecerá* um. Então, poderá parar de se preocupar com o que os outros pensam.

Entendeu?

Ainda não?

Certo, veja isso da seguinte maneira: **como humanos, temos todo o direito de discordar educadamente da opinião de alguém**. É um posicionamento passivo. Não machuca ninguém e é totalmente defensível. Você gosta de manteiga de amendoim natural? Ótimo! Eu não. Acho que é pegajosa e nojenta. Sem problemas, sem ofensas.

Mas digamos que você seja um amigo que vende manteiga de amendoim natural caseira e sempre me convida para suas "festinhas do amendoim" com aqueles potes tristes cheios de meleca marrom empilhados por toda a cozinha, e eu me sinta pressionada a comprar, só para você parar de me encher o saco.

Esse é um momento divisor de águas. Se eu ligo o foda-se para manteiga de amendoim 100% natural, por que diabos eu gastaria meu rico dinheirinho para comprá-la?

Deixe-me dizer o porquê: é porque acabei de me ver dizendo, *sai daqui com essa merda de hippie, seu esquisitão,* o que machucaria totalmente seus sentimentos. E não quero isso, então acha que vou lhe dar R$100 em troca de 250 gramas de uma porcaria que parece ter sido mastigada por um elefante doente e depois cuspida em um pote de conserva?

Mas nem sonhando.

O que preciso dizer, em vez disso — e de forma honesta e educada —, é que não compartilho da sua opinião de que a manteiga de amendoim 100% natural é algo que eu queira colocar na minha boca. Dessa forma, dando a entender que não comprarei nada hoje. Nem nunca.

Consegue ver aonde quero chegar? Não ligo o foda-se para seus *sentimentos*, porque você é meu amigo (o vendedorzinho chato de manteiga de amendoim natural, ainda assim), mas posso ligar o foda-se para sua *opinião* quanto ao meu gosto [ou falta dele] sobre manteiga de amendoim 100% natural. Não importa se você sair convencido de que minhas artérias estão desnecessariamente entupidas pelos ácidos com gorduras trans porque prefiro um pouco de óleo vegetal hidrogenado no meu sanduíche. São minhas artérias, afinal. Assim, ao ligar o foda-se para sua manteiga de amendoim, isso se refere a uma diferença de opinião.

Você deixa totalmente de lado a chance de mágoas quando vê o conflito sob as lentes de uma opinião simples e sem emoção.

O Método Não Lamento trata de opiniões simples e sem emoções.

Porém, há diferentes formas de se chegar ao mesmo resultado. E, se sua diferença de opinião com um amigo reflete uma diferença de *valores* essenciais, talvez precise abordá-la com uma pitada a menos de honestidade e uma dose grande de educação. Dizer que você não acredita nos benefícios de saúde do creme de amendoim orgânico é um pouco diferente de dizer que não acredita no direito de escolha da mulher, em uma Palestina livre ou que certo time de futebol tem no elenco mentirosos sujos e corruptos.

Em cenários como esses, quando você está se fodendo para a questão, mas também não quer sair no braço ou ser banido de alguma coisa, tudo que realmente precisa fazer é evocar o *conceito* de opiniões e parar por aí.

Digamos que você tem filhos e está sempre rodeado de pessoas com *opiniões* sobre como deve educá-los. Provavelmente tem opiniões sobre como eles educam os filhos deles também, mas a diferença é que você não abre a boca. De qualquer forma, a parentalidade exige muito trabalho e os pais amam seus filhos de forma incondicional, e você precisa de muita energia para andar na linha entre a aceitação e ficar fervilhando de raiva com a enxurrada incessante de conselhos não requisitados, o que tende a estar muito ligado aos seus valores e aos dos outros e, portanto, aos sentimentos.

Então, certo dia, você está no parquinho e surge o assunto sobre os filhos dormirem na cama dos pais. Você defende um lado (não importa qual!) e uma colega, a quem chamaremos de Stacey, está do outro.

Você não quer que Stacey a considere uma mãe ruim por não concordar com ela sobre quanto tempo uma criança deveria ter a permissão de se enfiar sob as cobertas da cama do casal e atrasar ainda mais a agenda de "rala e rola" do papai e da mamãe. E, seja lá em qual lado estiver, você não quer *ofender* Stacey abertamente em sua discordância ou seu filho poderá ser relegado a ficar sozinho no parquinho com um FC, de "filho de cuzão", estampado em vermelho em sua roupa.

Até hoje, talvez tenha conseguido apenas concordar e sorrir. Talvez até tenha passado vinte minutos de merda ouvindo Stacey falar sem parar sobre a *audácia* de alguns pais em não fazer tudo da forma como *ela* pensa ser a correta. E esse ato de aceitação passiva — sem mencionar os vinte minutos dignos de um foda-se — está consumindo você como um monte de cupins devorando uma tora.

Você precisa de uma mágica transformadora, para ontem!

Assim, da próxima vez que esse tipo de coisa surgir, apenas olhe calmamente para Stacey, encolha os ombros e diga: "Eu sei, eu sei, todo mundo tem uma opinião!" Depois, mude para um assunto neutro, tipo se George Clooney está ficando mais gostoso com a idade. (E não, ele não está.)

Você deu a entender que a opinião de Stacey não é a única que existe, mas ligou o foda-se para aceitá-la ou debatê-la ativamente. Você não atacou os valores dela nem magoou os sentimentos dela no processo, então não está sendo um cuzão nem parecendo um. Você foi honesta e educada, e pode sair segura sabendo que está se fodendo para o que Stacey pensa, e ela não pode culpar você por qualquer coisa que tenha dito.

Como isso lhe faz sentir? Com ARREPENDIMENTO ZERO.

Sobre pedir desculpas

Em nossa sociedade, *desculpe!* é usado como abreviação de qualquer coisa como "não sinto muito, estou apenas dizendo isso para suavizar seja lá o que fiz ou estou prestes a fazer para você" até algo que diz roendo as unhas tipo "merda, o que foi que eu fiz???".

E sem querer trazer um viés de gênero à questão, mas as mulheres, especialmente, tendem a dizer isso muito mais como uma forma de tentar se defender, de maneira antecipada ou ativa, contra os insultos no ambiente de trabalho, entre amigas ou nos relacionamentos.

Quando você realmente se comportou mal, deve sentir muito e pedir desculpa. E, se está prestes a se comportar mal e acha que um *desculpe* rápido irá melhorar as coisas, está errado. Quem sabe você pode parar de ser um cuzão.

Mas, se não fez nada que exija suas desculpas, você pode (a) parar de sentir muito e (b) parar de dizer desculpe às pessoas!

Ou seja, o Método Não Lamento atinge um resultado epônimo. Ao segui-lo, você conseguirá agir com coragem de forma a não precisar pedir desculpas ou sentir muito.

Revisando: **se seu foda-se afeta ativamente alguém** (como recusar a compra da manteiga de amendoim caseira de um amigo ou ficar julgando como os pais preferem educar seus filhos), seja honesto e educado quanto à sua decisão, procure deixar claro que é sobre uma diferença de opinião e, em 99% das vezes, dará tudo certo.

Mas, caso seu foda-se afete você, e apenas você (como não encher a cara de maquiagem só para ir ao supermercado), então por que se importar com o que os outros pensam? Dei-xe-os ter opiniões sobre sua calça de ioga e sua camiseta da Ani DiFranco; você está confortável *e* não receberá cantadas do esquisitão do caixa.

E se ficar no meio? Bem, então você realmente precisa deste livro!

Pode levar um tempinho até se acostumar, mas você deve ligar o foda-se para o que os outros pensam.

É só não ser um cuzão

Não tem como não destacar que, quando feito corretamente, ligar o foda-se *não* significa ser um cuzão. Desde que contemple seus próprios motivos para ligar o foda-se para alguma coisa, visualize o efeito que fazer isso causará em qualquer um envolvido e mitigue as potenciais mágoas. Você pode encontrar uma solução — geralmente com uma combinação de honestidade e educação — que o deixará numa boa situação. E também minimizará o número de ameaças de morte que recebe.

Fazendo um orçamento do foda-se

Sabe quando você tem aquele sentimento de satisfação após passar alguns meses economizando para alguma coisa que realmente quer comprar, depois, ir até a loja com o dinheiro na mão e sair de lá com um novo snowboard ou qualquer outra coisa?

Naquele momento, provavelmente você não pensará nem um segundo sobre as coisas que sacrificou ao longo dos últimos cem dias a fim de juntar o dinheiro necessário para pagar o que queria comprar. Mas você fez o sacrifício. Talvez tenha deixado de comer seu bife Angus e X-Egg diariamente no Dunkin' Donuts por três meses. Ou, então, talvez tenha trabalhado lá *nessa* lanchonete para ganhar uma grana extra (sacrificando seu tempo livre). De qualquer forma, você tinha um objetivo — economizar para comprar o snowboard — e se ateve a um orçamento relativo a quanto dinheiro precisava economizar e/ou quantas horas precisaria trabalhar para alcançar esse objetivo.

Sugiro que implemente um orçamento para seu foda-se.

E se, em vez de ter uma crise existencial momentânea sobre comprar ou não a maldita manteiga de amendoim para evitar magoar os sentimentos de seu amigo, você simplesmente pensar nisso como um item específico do seu Orçamento do Foda-se?

Compra de um pote de manteiga de amendoim natural no valor de R$100 = um foda-se não ligado (crédito).

E isso significa que esses R$100 gastos não poderão ser usados para sair da maldita festa do amendoim e pegar um táxi de volta para casa (evitando o agravante do transporte público), para comprar seu snowboard ou para ajudar a pagar o aluguel. Porém, agora tem um foda-se para gastar como quiser.

Parece que seu foda-se está mais valioso, não?

Claro, nem tudo se resume a dinheiro. Há diversos tipos de foda-se que se impõem em seu tempo, sua energia ou sua carteira. Mas você pode fazer um orçamento de seu tempo e de sua energia, assim como de seu dinheiro.

Por exemplo, digamos que você tenha um filho com amiguinhos cujos pais fazem rotineiramente bolachas caseiras a fim de levantar fundos para a turma. Bolachas com cobertura de carinhas felizes, e uma fornada separada sem glúten para os maricas. Bem, talvez você não tenha TEMPO nem ENERGIA para fazer as bolachas caseiras. Talvez *tenha* R$50, mas está preocupado sobre o que os outros pais pensarão se você contribuir com Oreos comprados no supermercado para vender na arrecadação de fundos.

Está vendo aonde quero chegar?

Você precisa (a) parar de se preocupar com o que os outros pensam e (b) fazer um orçamento de seu foda-se. Não tem tempo ou energia? Vai de Oreos!

É muito comum guardar nosso foda-se sem um objetivo em mente.

Na hora, dizemos sim, fazemos planos e concordamos em passar um fim de semana em Buenos Aires antes de perceber, *vixe, não pensei direito nisso*. De modo a maximizar seu potencial para a felicidade, você precisa considerar os resultados antes de se comprometer a não ligar o foda-se. Seu tempo, sua energia e/ou seu dinheiro gastos devem resultar em mais alegria para você. Se for trazer irritação, você não desejará perceber isso em pleno voo para a Argentina. Pare. Calcule. E, talvez, ligue esse foda-se.

E as pessoas que não conseguem ligar o foda-se para o fato de que *você* o liga?

Todos conhecemos essas pessoas. Você pode ser o mais honesto e educado possível, mas elas simplesmente não entendem. Elas continuam debatendo com você, tentando persuadi-lo a mudar sua opinião. Seja lá qual for o assunto para o qual você ligou o foda-se, é tão importante para elas que não conseguem aceitar a diferença de opinião.

Pode ser qualquer coisa, de futebol à música ou ao fato de que você não participa dos rituais religiosos da família. Elas não serão convencidas com honestidade ou educação. Esse tipo de gente está implorando pelo confronto. **PARECE QUE QUEREM SER MAGOADAS.**

Em casos assim, você precisa considerar o longo prazo de seu Orçamento do Foda-se. Na verdade, pode ser benéfico ser/aparentar ser uma pessoa ruim, se isso significar colocar um ponto-final definitivo nessa conversa. Veja, se alguém precisa mandar essa gente se foder, pode muito bem ser você que fará isso.

Em resumo

A mágica transformadora de ligar o foda-se resume-se a priorizar. Alegria ou irritação. Escolha ou obrigação. Opinião ou sentimentos. Seguir um orçamento. Olhos no prêmio.

Iremos rever o básico — ferramentas e processos para Decidir Ligar ou Não o Foda-se a fim de que você possa então Ligar ou Não o Foda-se:

- O foda-se que você está prestes a ligar (ou não) afeta apenas você? Ou os outros também?
- Caso seja a primeira opção, você já está com *muita* vantagem!
- Se for a segunda opção, você deve *primeiro* ligar o foda-se para o que os outros pensam, antes de poder ligar o foda-se para a situação em questão.
- Para tanto, considere as *opiniões* alheias separadamente dos *sentimentos* delas.
- Não seja um cuzão.
- Agora, consulte seu Orçamento do Foda-se: quanto vale para você? Pode economizar desta vez?
- Se a resposta for sim, então guarde seu foda-se, sem dúvidas! Mas, se for não, ligue seu foda-se com honestidade e educação, e sinta o autêntico Não Lamento.

Caso você seja um aprendiz visual, veja o fluxograma a seguir para decidir se deve ou não ligar seu foda-se. Fique à vontade para consultá-lo enquanto continua a leitura.

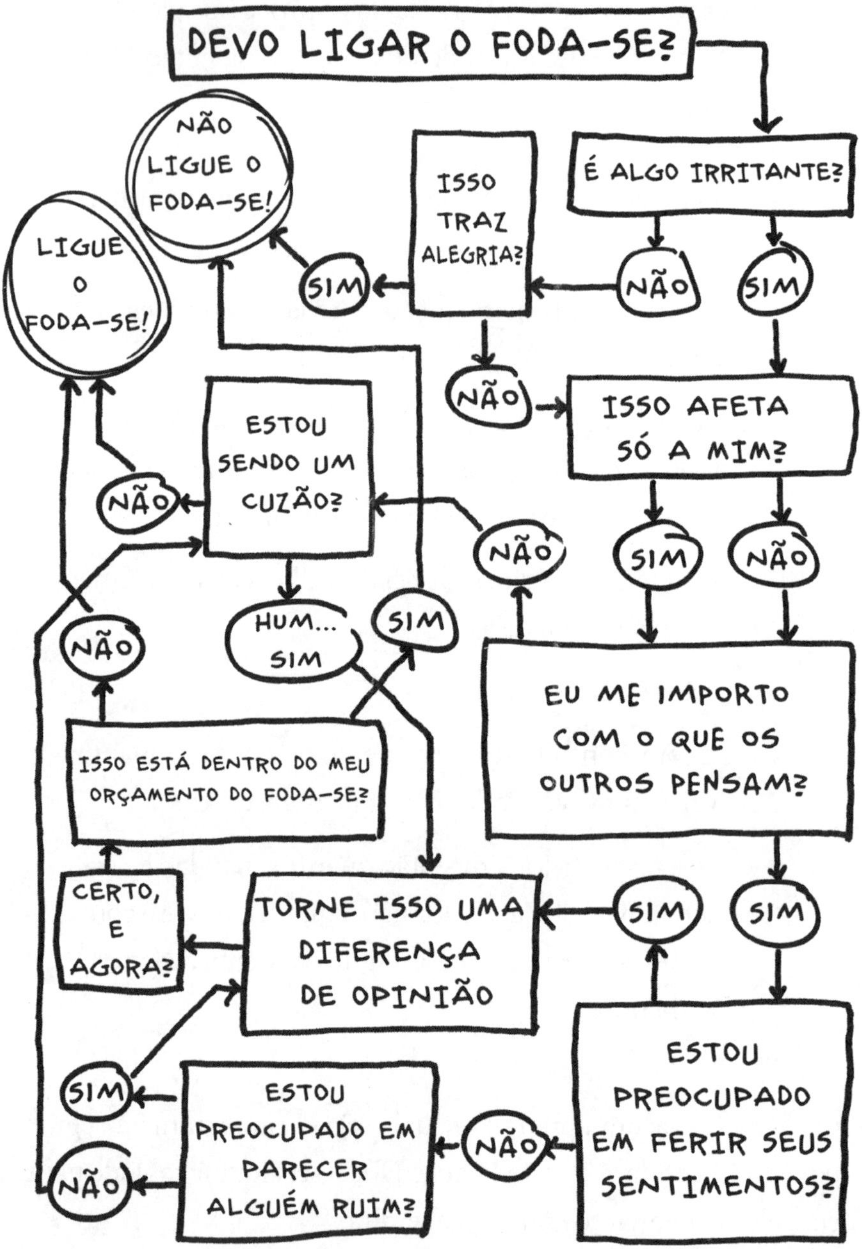
DEVO LIGAR O FODA-SE?
É ALGO IRRITANTE?
NÃO
SIM
ISSO TRAZ ALEGRIA?
SIM
NÃO
NÃO LIGUE O FODA-SE!
LIGUE O FODA-SE!
ISSO AFETA SÓ A MIM?
SIM
NÃO
EU ME IMPORTO COM O QUE OS OUTROS PENSAM?
NÃO
SIM
SIM
ESTOU SENDO UM CUZÃO?
NÃO
HUM... SIM
SIM
NÃO
ISSO ESTÁ DENTRO DO MEU ORÇAMENTO DO FODA-SE?
CERTO, E AGORA?
TORNE ISSO UMA DIFERENÇA DE OPINIÃO
ESTOU PREOCUPADO EM FERIR SEUS SENTIMENTOS?
NÃO
ESTOU PREOCUPADO EM PARECER ALGUÉM RUIM?
SIM
NÃO

Nas Partes II e III, eu:

- Ajudarei você a ver a bagunça mental que em breve jogará fora.
- Ensinarei você a pré-selecionar seu foda-se para ter uma tomada de decisão confiante e eficiente.
- Oferecerei minha própria lista de Dez Coisas para as Quais, Pessoalmente, Ligo o Foda-se.
- Mostrarei várias estratégias para implementar o Passo 2 (ligar o foda-se).
- O ajudarei a identificar aquilo para o qual você *não* deve ligar o foda-se; tudo isso permitirá que tenha um estresse mínimo, uma felicidade máxima e um bocado de mágica transformadora.

Mas, por ora, uma última prática para você entrar no clima...

Um exercício de visualização

Sente-se. Relaxe.

Quero que você reserve um minuto e faça uma visualização livre, incluindo **tudo aquilo que atualmente o pressiona — amigos, familiares, sociedade ou até seu sentimento distorcido de obrigação — para não ligar o foda-se**.

Inclusive, mas não se limitar a: combinar seu cinto com a bolsa, LinkedIn, comer em restaurantes locais, hot ioga, dietas paleo, livros do Harry Potter, Kombucha, "tendências", eleições, podcasts, ponchos como a nova moda, balé, Bret Easton Ellis, hashtags, café vendido em feiras, a Nuvem, os filhos dos outros, cristãos carolas, a economia da China, #gatinhosdoinstagram, *The Voice*, a nova esposa do seu pai e/ou Burning Man.

Ficou cansadinho, é? Está tenso, com náusea, ansioso? Ficou puto da vida?

Muito bom, então está funcionando.

Agora, visualize como se sentiria feliz e leve se ligasse um foda-se para tudo isso.

Hot ioga? Ligue um foda-se com vontade!

A Nuvem? Foda-se.

E #gatinhosdoinstagram? Sinto muito, um foda-se foi disparado. Miau!

Você não se sente muito melhor? Estou dizendo, no momento em que decidir começar a ligar o foda-se começará a viver sua melhor vida.

Tendo isso em mente, passemos agora ao Passo 1 do Método Não Lamento: decidindo ligar o foda-se.

11

Decidindo ligar o foda-se

Na Parte II, faremos um inventário de todos os foda-ses não usados que estão bagunçando sua mente. Infelizmente, não é viável deixá-los no meio da sala, como Marie Kondo pede que você faça com suas meias.

Mas não se preocupe, tenho formas de contornar isso.

Compartilharei as Quatro Categorias de Potenciais Situações para Ligar o Foda-se, e veremos uma por uma. Será divertido, prometo! Muito mais divertido do que o karaokê na festinha de aniversário de seus colegas de trabalho (também analisado na Parte II).

Por fim, você fará uma lista para cada categoria de seu inventário mental e a usará para ajudá-lo a identificar o que incomoda e o que traz alegria. Depois, poderá concluir o Passo 1: decidindo ligar o foda-se.

Uma vez iniciado, é um processo muito simples. E até um pouco... viciante. Garanto, quanto mais ligar o foda-se, menos foda-ses você *desejará* guardar.

É uma sensação muito boa

Seu cérebro é um celeiro

Decidir ligar o foda-se para algo é extremamente libertador. Ligar o foda-se — e fazer isso sem magoar os outros nem sendo um cuzão é ainda melhor.

Mas, primeiro, você precisa olhar para dentro. Conheça-te.

O Passo 1 começa com o inventário de seu espaço *mental* para que possa organizar todos os foda-ses entre aqueles que incomodam e os que trazem alegria. Depois, poderá decidir ligá-los ou não, dependendo de cada caso.

Como eu disse, seus foda-ses não podem ficar no meio da sala... mas *você* pode.

Posteriormente, quando estiver pronto, pedirei que se sente no chão (duro de preferência, pois estar desconfortável o motiva a terminar isto de uma vez) e visualize sua mente como um cômodo bagunçado. Na verdade, não, será um enorme celeiro cheio de merda. **Esse celeiro contém todas as coisas para as quais lhe pedem que não ligue seu foda-se, não importa se você *quer* ou *precisa* fazer isso ou não.**

O celeiro é uma puta bagunça.

(Já assistiu *Acumuladores*? Acho que estou ficando com coceira.)

Em seguida, você andará por seu celeiro mental, observando todas as coisas boas (foda-ses que não quer ligar) e toda a bagunça inútil (os que você quer ligar). Pode até descobrir algo que esqueceu que tinha, mas que merece um lugar de honra em sua mente/

celeiro quando tiver espaço. Você identificará todas as coisas demandando que não ligue seu foda-se; você as reconhecerá, avaliará e pensará muito bem sobre se realmente quer e precisa continuar não apertando esse botão.

Quando confronta todas as coisas às quais se espera que você não ligue seu foda-se de uma vez, talvez suas tripas se entesem, sua barriga ronque e sua cabeça e seu coração comecem a latejar. É EXATAMENTE ESSE O OBJETIVO.

Estamos buscando a Sobrecarga de Foda-ses, pessoal.

A maioria de nós apenas enfia a cabeça no celeiro de vez em quando e nunca atravessa a montanha de merda acumulada dentro dele, muito menos faz qualquer coisa a respeito do resto. Você precisa entrar totalmente e realmente *assumir* a porra toda antes de ter qualquer esperança de limpá-la.

Sim, você deve sentir a Sobrecarga de Foda-ses para reconhecer totalmente o tempo, a energia e/ou o dinheiro que está gastando com seus foda-ses — e ficar animado por arrumá-los de uma vez por todas.

Depois que fizer um inventário mental do celeiro (como eu disse, isso acontece um pouco mais para frente na Parte II), você fará uma lista de todos os foda-ses que estão pairando em suas profundezas.

Faça isso bem feito uma vez e terá um método vitalício para se libertar, mesmo quando as demandas de foda-ses mudarem com o tempo. Quando chegam as festas de fim de ano, por exemplo. Você não deixará aquela bagunça mental acumular de novo, pois terá ferramentas e perspectiva para impedir que as coisas para as quais quer ligar seu foda-se entrem em sua mente/celeiro, para começar!

Novamente: você deve listar *todos os foda-ses que encontrar*, independentemente de querer ligá-los ou não. Atualmente, os foda-ses que não quer e não deveria ligar podem estar acumulados atrás daqueles que você quer ligar — como se importar com a felicidade geral de sua irmã, mas não com os detalhes sobre os novos piercings genitais do namorado dela.

Eu disse, está bem bagunçado lá. Neste momento, você só precisa se inteirar da situação.

Como Albert Einstein disse certa vez: "Se eu tivesse 1 hora para resolver um problema, passaria 55 minutos pensando sobre ele e 5 minutos pensando nas soluções." Cara inteligente; não é à toa que ganhou um Prêmio Nobel.

Reserve um momento para explorar seu celeiro mental, descobrir todos os foda-ses lá dentro e listá-los um a um. Prometo que isso revelará as soluções para ligar seu foda-se no futuro e viver sua melhor vida.

Confie em mim. Ou, pelo menos, confie em Einstein.

Classifique seus foda-ses

A serviço do Método Não Lamento, criei Quatro Categorias de Potenciais Situações para Ligar o Foda-se:

Coisas

Trabalho

Amigos, Conhecidos e Estranhos

Família

Juntas, essas categorias constituem o enorme miasma de pessoas e coisas para as quais você poderia ligar seu foda-se. Mas veremos uma por uma, o que facilitará um pouco todo esse processo. De nada.

Recomendo muito que siga minha ordem prescrita. As Coisas aparecem primeiro em sua busca de ligar o foda-se porque são inanimadas e não podem responder. Depois, o Trabalho, porque ele provoca certos sentimentos de amargor e ressentimento em quase todo mundo que conheço, o que é um bom motivador. Então, Amigos, Conhecidos e Estranhos, uma vez que se acostumar com a situação. A Família vem por último em seu estudo de ligar o foda-se, por motivos que deveriam ser óbvios.

Veja, sei que você está muito animado com o Método Não Lamento e está se coçando para mandar seu cunhado se foder e parar de incluir você no grupo de mensagens sobre nossa política nacional de imigração — mas não ceda à tentação. Garanto que começar com a Família é abrir as portas do inferno.

Sério, Família é um puta *campo minado.*

Sem dúvida, é a coisa mais difícil para a qual ligar o foda-se. Primeiro, há um senso de **obrigação** quando o assunto é família que desbanca até **sentimentos** e **opiniões**. É por isso que recomendo acrescentar Obrigações à lista de Coisas para as quais potencialmente ligar seu foda-se, dessa forma determinando seus sentimentos quanto à obrigação antes de se deparar com um familiar, um evento relacionado à família ou uma recordação em particular.

Quando resolver as primeiras categorias, será muito mais fácil separar seu senso de obrigação com relação a, digamos, ter que aguentar aquela estola esfarrapada de pele que sua tia Josefina usa e o que você sente por ela em si (e os sentimentos e as opiniões dos outros familiares em comum, que deveriam cuidar de suas merdas de vida). Ouça-me agora, acredite em mim depois: você dará tchau àquela pentelha de olhinhos cruéis num piscar de olhos.

Pronto?

Ótimo, vamos começar com esta porra de programa.

Coisas

Como vimos, a categoria Coisas lida com objetos e conceitos inanimados, sendo que nenhum deles possui *sentimentos* e *opiniões* irritantes sobre seus colegas seres humanos.

É verdade, alguns itens de sua lista de Coisas podem ser tecnicamente pessoas (considero a banda Greatful Dead uma *coisa*, por exemplo, embora ela assuma a forma de corpos humanos) e também podem se qualificar tecnicamente como estranhos (não conheço pessoalmente nenhum dos membros do Greatful Dead). Mas, quando digo *estranhos*, realmente me refiro às pessoas que você já viu, mas que não conhece de fato, como aquele cara que tentou muuuito lhe vender uma cota de "timeshare" quando você estava de férias e você ficou pensando, tipo, "cara, não me importo um *caralho* com timeshare nem *se* você vai atingir sua cota". Se bem que, se você já colocou "timeshare" em sua lista de Coisas, então o Cara que Vende Timeshare na verdade não irá para sua lista de Estranhos — mas um pouco de redundância nunca atrapalha, especialmente na busca por iluminação.

De qualquer maneira...

Quais são as coisas para as quais posso ou não ligar o foda-se?

Se fosse fazer uma lista **hoje** das coisas que estão no meu celeiro mental, eu incluiria (sem me limitar a):

1. Planejar minhas próximas férias.
2. Preocupar-me se choverá nas minhas férias.
3. O fato de que Donald Trump é o candidato do partido dos Republicanos nos EUA.
4. Terminar este livro para eu poder sair de férias.

Como você sabe, se há itens em minha lista que me irritam, então deveria ligar meu foda-se para eles. E vice-versa com relação à alegria.

Assim, ao estudar minha lista, percebo que tenho alegria com o planejamento das minhas férias e a escrita deste livro, enquanto as perspectivas da presidência de Trump e da previsão de chuva são **não apenas irritantes, mas também coisas que não posso controlar**. Portanto, não devo ligar meu foda-se para os dois primeiros itens e devo me preparar para arrancar os últimos dois do meu celeiro como duas pilhas de feno podre e estrume calcificado de cavalo. (Mas o arrancar em si é o Passo 2 — chegaremos lá na hora certa.)

Por ora, sondaremos seu próprio celeiro mental e faremos uma lista de todas as coisas que você encontrar lá. Talvez sua lista seja parecida com a minha, talvez tenha *escolhido* viver em Seattle ou na Escócia porque a chuva lhe traz alegria. Não vou fingir que entendo tal escolha de vida, mas não julgarei. Bem, quem sabe um pouco... embora a esta altura você já deva saber que precisa ligar o foda-se para minha opinião, não é?

A questão é: não há duas listas iguais de foda-se.

Pergunte a si mesmo: quais são as coisas em meu celeiro que me fazem suspirar involuntariamente de prazer? E quais são as que criam um sentimento como se uma espinha de peixe estivesse entalada na garganta?

Isso traz alegria ou irrita? Quando chegar a hora, liste tudo!

Como inspiração, veja a seguir uma lista de coisas que costumavam abarrotar meu espaço mental e me causar uma irritação infinita. Desde então, comecei a ligar meu precioso foda-se para elas. (É apenas a ponta do fodaberg, mas você captará a ideia.)

Dez coisas para as quais pessoalmente ligo o foda-se

1. **O que os outros pensam.** Lembre-se: este é inegociável. Todos os foda-ses originam-se aqui.
2. **Ter um corpo para usar biquíni.** Ah meu bom Deus, no dia em que comecei a ligar o foda-se para minha aparência usando biquíni foi como se uma ninhada de

gatinhos usando maiôs pretos tivesse caído do céu para interpretar "All the Single Ladies" apenas para alegrar minhas coxas e minha barriga. Mágico!

3. **Basquete.** Nunca gostei de basquete nem entendi o jogo. Não assisto aos jogos e, quando me convidam, não vou. Simplesmente ligo o foda-se, e minha vida não fica pior por causa disso. Você pode aplicar isso a qualquer esporte ou time, com exceção do Boston Red Sox, porque eu estou dizendo.

4. **Ser uma pessoa matinal.** Durante a maior parte de minha vida sempre tive vergonha por ser inútil nas primeiras horas do dia, por não querer marcar nada para antes do meio-dia e por frequentemente chegar em cima da hora nas reuniões pela manhã. A sociedade realmente parece valorizar as pessoas matinais e desprezar aquelas que não entram na linha (ou que não conseguem). Uma vez que adotei a vida de freelancer, comecei a ligar o foda-se de uma vez por todas para o fato de não ser uma pessoa matinal. Chupem essa, seus matinais.

5. **Taylor Swift.** Todo mundo fica gritando, "Tay-Tay!", e eu fico, tipo, "tô nem aí".

6. **Islândia.** Tenho certeza que é um lindo país, mas sempre que alguém começa a me contar sobre seus planos da viagem de sua vida para lá, sobre o quanto se divertiu na Islândia ou que "a maioria dos islandeses acredita em duendes!", meus olhinhos começam a girar como se eu estivesse em um jogo do Knicks.

7. **Cálculo.** Esta pode ter sido a primeira ocasião registrada em que liguei o foda-se. Meu orientador do ensino médio insistiu que eu precisava fazer aulas de cálculo para ter alguma chance de entrar em uma boa faculdade. Pensei muito a respeito, mas acabei decidindo ligar o foda-se para o cálculo, e *entrei* em Harvard. Não dá para argumentar com esse resultado.
8. **Fingir sinceridade.** Sou a encarnação de "se você não tem nada de bom a dizer, não diga nada". Ligo o foda-se para o fingimento.
9. **Senhas.** Uma das minhas histórias de sucesso mais recente. Eu costumava não ligar nenhum foda-se para a segurança pessoal e sentia muita ansiedade, mas então li diversos artigos de especialistas sugerindo que estamos a um passo de sermos hackeados por um adolescente eslavo cheio de espinhas, então pensei: *talvez possa usar a mesma senha para tudo. Faria alguma diferença?* Então, percebi que, depois de dezesseis anos juntos, meu marido *ainda* não sabe minha senha de seis caracteres do Hotmail — então eu poderia começar a ligar o foda-se e não me preocupar em criar uma frase criptografada com o selo de aprovação de Alan Turing para minhas contas na Gap, na Ann Taylor e na Victoria's Secret. Até agora, tudo certo.
10. **Google Plus.*** Nem tentei. #ArrependimentoZero.

* No momento em que escrevo isto, até o Google ligou o foda-se para o Google Plus: http://smallbiztrends.com/2015/08/google-plus-and-youtube-separation.html.

Minha lista pode conter coisas para as quais você *não* liga o foda-se, e tudo bem. Você deve se sentir livre para colocar seus fones de ouvido e ouvir "Shake It Off" sem parar enquanto arruma seu celeiro.

Talvez você ligue o foda-se para as roupas íntimas. Ou para permanecer à direita em uma calçada ou na escada rolante (caso em que você é um cuzão ou europeu. Talvez os dois).

Tanto faz — o mundo é sua ostra!

Mais algumas coisinhas

Enquanto escrevia este livro, realmente abri a porteira para as Coisas para as Quais Ligo o Foda-se (aparentemente, tenho sentimentos muito fortes com a manteiga de amendoim 100% natural). Embora tenha sido pessoalmente revigorante, o novato no Método Não Lamento pode achar mais útil ver uma lista de coisas para as quais *não* ligo o foda-se e observar como liberei mais tempo, energia e/ou dinheiro para me dedicar a elas.

Lembra-se do Orçamento do Foda-se? Aqui está o meu em ação:

LIGO O FODA-SE		NÃO LIGO O FODA-SE
Ameaça de um Irã nuclear	→	Mudança climática
Iogurte grego	→	Todos os tipos de homus
Camping de luxo	→	Remoção de pelos a laser
Lagosta	→	Mais caviar, por favor
A opinião mais recente do Papa	→	Instagram da Reese Witherspoon
Argola para guardanapo	→	Porta-copos
Olimpíadas	→	Terminar a quinta temporada de *Shameless*
Ler a revista *The New Yorker*	→	Literalmente qualquer outra coisa que poderia estar fazendo
Ir à academia	→	Dormir
Fazer testes no Facebook	→	Ficar observando o espaço
Futebol americano universitário	→	Estupros nos campi universitários
"Tummy time"	→	Pedir licença e ir buscar mais vinho

Algumas coisas em minhas listas podem parecer simplistas ou superficiais demais, mas garanto que **representam uma alocação muito clara e quantificável de meu tempo, minha energia e/ou meu dinheiro**.

É comum que eu sinta pressão para ir à academia, por exemplo, e depois culpa por nunca ir. Ao decidir ligar o foda-se quanto a ir à academia, estou me libertando daqueles momentos de me sentir culpada e inadequada (e gorda) e me permitindo alegremente dormir uma hora a mais todas as manhãs. Estou realocando tempo e reservando energia. E, se contar as mensalidades, estou economizando dinheiro também.

É uma trinca do foda-se!

(Também é difícil não exagerar o valor, para mim, de nunca mais falar sobre iogurte ou consumi-lo novamente. Sinto-me muito melhor só por lhe *dizer* isso, honestamente.)

À medida que passar pelas Quatro Categorias, identificará coisas que irritam VOCÊ e outras que trazem alegria. Algumas dessas revelações podem fazer com que outras pessoas questionem suas prioridades, mas quem se importa? **É você quem estará lá, ligando mais foda-ses e vivendo sua melhor vida.**

Sei que eu estou.

Pense: durante o tempo que você levou para ler até aqui, eu já completei uma porrada de Passos 2 do Não Lamento. Finalmente comecei a ligar o foda-se para as argolas de guardanapo e a revista *The New Yorker*, fiz depilação a laser e passei um tempão observando o nada, sentindo o gosto do homus clássico da marca Sabra em minha boca. E, quando os jogos do RIO 2016 aconteceram, fiquei pronta para ligar o foda-se para as Olimpíadas de uma vez por todas.

É importante ter objetivos.

E, falando em objetivos, enquanto um pobre infeliz treina 10 horas por dia para saltar 6cm mais longe do que Mike Powell fez em Tóquio em 1991, está na hora de você fazer o inventário de coisas que estão abarrotadas em seu celeiro mental com uma primeira lista.

Na próxima página, forneço colunas para você começar, mas sinta-se livre para usar outro papel.

Não seja mão de vaca. Isto é importante!

COISAS PARA AS QUAIS DEVO E NÃO DEVO LIGAR O FODA-SE

Trabalho

Mais complicada do que a categoria Coisas — que envolve apenas ligar o foda-se para objetos/conceitos/atividades inanimados —, a categoria Trabalho ainda não é tão tensa como lidar com amigos e familiares, tornando-a o segundo ponto lógico de entrada para colocar em prática a mágica transformadora.

Além disso, se perguntar a um monte de pessoas aleatórias o que elas mais odeiam na vida, muitas dirão que é o trabalho, o chefe, os colegas de trabalho, o departamento de TI ou algo nesse sentido. É meio que um alvo muito amplo.

Por sorte, há inúmeras formas perfeitamente aceitáveis **de aumentar o número de foda-ses que você liga no trabalho** — seja faltar a uma reunião desnecessária, fugir da papelada inútil ou recusar o convite para a festa de um colega de trabalho — e ainda permanecer empregado, respeitado e até benquisto (se você não liga o foda-se para isso, veja "O Vórtice da Estima" mais à frente). Analisaremos muitos deles em profundidade nesta seção e ainda mais na Parte III.

Os dois motivos mais comuns pelos quais você deixa de ligar muitos foda-ses no trabalho são:

1. Medo do julgamento do chefe (que controla seu acesso ao salário).
2. Medo do julgamento dos colegas de trabalho (com quem você passa a maior parte do seu dia).

Isso é perfeitamente compreensível na superfície, mas já parou para considerar:

1. Como é difícil ser *realmente* demitido quando está fazendo um bom trabalho?
2. O quanto você realmente não se importa, lá no fundo, se a Gabriela do marketing tem você em alta estima? Foda-se a Gabriela e sua meia-maratona para levantar fundos para salvar os ursos-polares, não é? (Falarei mais sobre a Gabriela posteriormente.)

Por ora, lembre-se de que não deve ligar o foda-se apenas para as coisas que pode controlar e ligar para as que não pode. O trabalho é uma placa de Pétri fervilhando das 8h às 17h com coisas, pessoas e práticas que, na verdade, não *escolhemos* para nós mesmos e, portanto, não podemos controlar.

Pense no escritório comum com aquele carpete industrial deprimente, salas sem graça de conferência e plantas artificiais. Você pode permitir que esse quadro destruidor o derrube, ou... pode apenas ligar o foda-se. Em vez de entrar lá todos os dias e pensar, *meu Deus, mas que lugar de merda, estou tão deprimido,* você pode pensar, *pelo menos não preciso me preocupar se derramar café neste carpete, não tem como ficar mais feio!*

A questão é: você só pode controlar o quão BEM faz seu trabalho e QUANTO tempo e energia coloca para minimizar a irritação e maximizar a alegria.

Aplicar o Método Não Lamento à sua vida profissional e ligar totalmente o foda-se (ou pelo menos mais alguns) para os aspectos de seu trabalho que irritam pode ser surpreendentemente simples — e não precisa resultar em sua demissão por incompetência ou insubordinação.

Para deixá-lo com a mentalidade correta, vejamos alguns exemplos comuns de coisas para as quais você pode ou não ligar o foda-se em um dia no trabalho:

Reuniões

Não estou dizendo que você necessariamente pode ou deveria deixar de participar das reuniões agendadas, especialmente se a participação é crucial para manter seu trabalho (presumindo que você queira mantê-lo. Caso contrário, por favor veja "O foda-se máximo ao trabalho", Capítulo 3).

Porém, *há* reuniões das quais você não precisa participar.

Por exemplo, digamos que um colega de outra parte da empresa — do escritório de Chicago, talvez, se você trabalha em San

Diego — esteja vindo visitar. Um assistente executivo está "marcando reuniões" nas quais o visitante fica jogando a mesma conversa fiada fora sobre o clima e fazendo comentários vagos sobre como vão as coisas na empresa em encontros de meia hora com todos de seu departamento. Há oito horários disponíveis, diz o assistente. Qual você quer?

Resposta: *nenhum.*

Você pode apenas dizer, "nenhum desses horários é bom para mim", e continuar com seu dia. Eu sei, você está preocupado porque estará encrencado e seu desejo de ficar bem com o chefe é maior do que o de não participar da reunião. Mas, se você é um funcionário competente e *sabe* que aquela meia hora é um desperdício de tempo, seu chefe sabe disso também. Decida ligar o foda-se. Deixe que outra pessoa não o ligue. Há muitos colegas não iluminados que irão para essas reuniões como prisioneiros vendados para o muro de execução. E não precisa ser você!

PowerPoint

Steve Jobs também tinha opiniões contundentes sobre reuniões, incluindo o uso do PowerPoint nelas. Na biografia *Steve Jobs,* de Walter Isaacson, o falecido CEO da Apple argumentou, "as pessoas que conhecem sobre o que falam não precisam de PowerPoint". Ele está certo.

Foda-se o PowerPoint.

(Ainda melhor, se usa uma daquelas agendas online visível a todos no escritório, comece a marcar "ocupado" em vários dias para que ninguém *possa* agendar uma reunião com você.)

Claro, algumas reuniões são necessárias. Não há como escapar. Mas se descobrir que são buracos negros de conversa inútil, sem mencionar o desperdício total do seu tempo, pode ligar o foda-se para o fato de *prestar atenção*. E certamente também pode ligá-lo quanto a *fazer anotações*. Sério, alguma vez já usou as anotações que fez em uma reunião? Sejamos realistas.

E depois de decidir ligar o foda-se quanto a sair da parvoíce semanal que é a reunião de vendas, tendo em mãos uma página inteira com desenhos aleatórios, poderá usar esse tempo para fazer algo para o qual *não* liga seu foda-se. Como a lista de supermercado; o planejamento de sua próxima aventura de observação de pássaros (aqueles franguinhos das pradarias não vão observar a si mesmos); ou escrever o grande romance de seu país! Pense em quanta coisa poderia realizar — coisas para as quais na verdade não liga seu foda-se — durante aquelas horas desperdiçadas (de uma a cinco) por semana. **São entre 52 e 256 horas por ANO.**

Isso aí, achei mesmo que você ficaria empolgado.

Conference calls

As conference calls são basicamente um subconjunto de reuniões. São reuniões por telefone. São *piores* que as reuniões presenciais. São o ápice da improdutividade: uma desculpa para não realizar absolutamente nada e desperdiçar literalmente o tempo de todos. Sempre que possível, me recuso a participar delas, e garanto que continuei sendo um ser humano respeitado, produtivo e empregável.

Não estou exagerando para causar — simplesmente não participo de uma conference call que considero dispensável. Quando comecei a dizer não para elas, foi efetivamente como dizer sim para três ou quatro horas desimpedidas por semana nas quais poderia trabalhar de verdade. **Você pode decidir ligar o foda-se para uma conference call.** NADA IMPORTANTE OCORRERÁ NELA. Tal é a natureza, e o paradoxo, das conference calls. Se as pessoas insistirem em fazer você participar, dificulte muito para elas e logo desistirão. Sério, se há uma coisa que odeio mais do que participar de uma conference call é tentar agendar uma.

E, se você está preocupado em ser um mal colega de trabalho ou funcionário, pergunte a si mesmo: *quando ligo o foda-se para estar nesta conference call, afeto outras pessoas?* A resposta é obviamente sim, mas de fato isso as afeta de forma *positiva*. Você está poupando-as quando as guia gentilmente — e não apenas a si mesmo — para longe dessa atividade consumidora de energia e alma. Você as ajudará positivamente a usar seus foda-ses!

O Vórtice da Estima

Ser querido e ser respeitado não são necessariamente a mesma coisa. Por um lado, é muito mais fácil manter seu emprego se você for respeitado do que meramente benquisto. Eu já "gostei" de muitos babacas incompetentes, mas não os contrataria.

O Vórtice da Estima ocorre quando você se preocupa mais em ser benquisto do que *merecer respeito*. Você acaba se debatendo em um puta furacão criado por si mesmo. E por quê? *Você não pode controlar se as pessoas gostam ou não de você.* Talvez seja uma pessoa divertida, mas seu senso de humor particular não bate com o dos outros, e eles não gostam de você. Pode ser superamigável, mas eles o percebem como esquisito e não gostam de você. Pode ser completamente inofensivo, mas pode fazer alguém se lembrar do ex E A PESSOA SIMPLESMENTE NÃO GOSTA DE VOCÊ.

O que você *pode* controlar — ao não ligar o foda-se para os aspectos do trabalho que tornam você danado de bom — é se merece o respeito dos outros. Eles podem ou não respeitá-lo (pois têm seu próprio orçamento do foda-se, afinal), mas, se está fazendo um bom trabalho, pelo menos sabe que tem seu valor.

E, se fazer um bom trabalho significa ligar menos foda-ses para fazer o necessário e mais foda-ses para se as pessoas gostam de você *enquanto* o realiza, então escapou do Vórtice da Estima e do furacão que vem junto. Bom trabalho. Tire o resto do dia de folga.

Códigos de vestimenta

Isso pode ou não pertencer à sua lista, dependendo da empresa em que trabalha. Obviamente, caso seja um escritor freelancer, como eu, você começou a ligar o foda-se para as calças muito tempo atrás. Se trabalha em alguma empresa financeira chique, em um escritório de advocacia ou algo do tipo, provavelmente precisa usar uma roupa formal, não há escapatória. Isso entra na lista de não ligar o foda-se — embora sempre haja um lenço negligente de bolso para aumentar a alegria. Se trabalha no varejo ou em restaurante e usa uniforme, pule esta seção. E, se trabalha em uma galeria de arte, ponto para você! Pode usar a porra que quiser.

Mas, se é uma das milhões de pessoas que trabalham em uma empresa que lhe concede a permissão de se vestir como quiser a cada manhã e que, ainda assim, acha necessário impor um "código de vestimenta" no manual do funcionário, prepare-se para uma conversa séria.

A última empresa em que trabalhei era muito precisa quanto ao que constituía a vestimenta adequada da "sexta-feira de verão": nada de chinelo ou sandálias de dedo, nada de bermudas para os homens ou de shortinhos para as mulheres, nada de camisetas sem manga ou outras "roupas de praia" e mais alguns nãos que agora, em meu profundo estado de iluminação, não me recordo. Havia memorandos todos os anos; dava para alinhar seu calendário pela condenação que a CEO sempre fazia dos dedos dos pés à mostra nessa estação. Talvez ela estivesse tentando manter o profissionalismo; talvez sofresse de podofobia. De qualquer modo, acabei decidindo ligar o foda-se.

Aconteceu assim: todo dia, quando estava me vestindo para aguentar os 45 minutos do trajeto até o trabalho durante o ar abafado e opressor do verão, apenas para passar oito ou mais horas em meu escritório e geralmente ir a algum evento relacionado ao trabalho à noite antes de outros 45 minutos até chegar em casa, realmente comecei a ressentir o fato de não poder usar *a porra que quisesse*. (E, também, sem me gabar, mas meus pés são lindos.) Doze horas nessa situação e nos meses mais suados do ano; estamos falando de bolhas do tamanho de ovos poché se tiver que enfiar meus pezinhos tamanho 36 sem meias numa sapatilha.

Então, certo dia no verão de 2014, olhando desejosamente para meu guarda-roupas com sandálias de dedo em cores lindas que combinariam muito bem com minha calça capri adequada ao trabalho, apenas disse um *foda-se* mental e comecei a usá-las no escritório.

Havia passado oito meses consecutivos naquela empresa, puta da vida e coberta de Band-Aids de maio a setembro para quê? Porque eu não ligava o foda-se para o código de vestimenta! Estou ficando irritada só de pensar nisso.

Adivinha o que aconteceu? NADA.

Usei minhas rasteirinhas o verão todo e ninguém disse nem uma maldita *palavra*. Até encontrei a CEO no elevador várias vezes e ela nem se surpreendeu.

Eu já disse isso antes e vou repetir: é muito difícil ser demitido de um trabalho em que está indo bem. E, considerando todas as coisas para as quais simplesmente não pode ligar o foda-se para realmente *fazer* seu trabalho, deve haver pelo menos cinco para as quais pode ligá-lo e, assim, melhorar significativamente seu dia a dia. Os códigos de vestimenta são uma delas.

Papelada inútil

Esta se aplica às muitas pessoas no espectro profissional: advogados, banqueiros, secretárias, gerentes — todo mundo acima e abaixo na cadeia de comando. A papelada inútil é um flagelo em nossa sociedade e cabe a VOCÊ ligar o foda-se!

Já ouviu falar sobre a teoria das Janelas Quebradas? Basicamente, ela sugere que, se pequenas infrações (como jogar lixo na rua e vandalismo) forem permitidas, logo o ambiente todo será vítima de uma destruição em escala maior.

E o mesmo se dá com a papelada.

Precisamos cortar essa merda pela raiz. Quanto mais papelada inútil você concordar em mexer, mais ela se acumulará sobre sua cabeça. É como a quarta lei de Newton ou algo do tipo.

Sim, tem papelada que você precisa preencher. Ninguém receberá salário se a papelada do holerite não for preenchida. Mas estou falando sobre relatórios que você sabe muito bem que ninguém lê. Que são escritos e arquivados, esperando pelo apocalipse, que os tornará ainda mais inúteis. No nível de inutilidade dos relatórios sobre o *espaço do escritório*. Estou falando sobre formulários que devem ser circulados, mas que por algum motivo nunca chegam ao seu lugar pretendido de descanso final e precisam ser reenviados sete vezes. E, mesmo que esses formulários se percam regularmente, a empresa não fecha — então faz sentindo argumentar que a papelada desse tipo não é exatamente essencial às operações, e você não precisa seguir sendo escravo dela!

Todos temos alguns formulários do tipo em nossa vida. Sugiro que pare de preenchê-los e veja o que acontece. Provavelmente nada.

Ursos-polares e meias-maratonas

Você trabalha em um escritório ou outro ambiente em que seus colegas acham apropriado pedir doações para suas atividades pessoais? Eu trabalhei, e a única boa exceção disso são as bolachas das Escoteiras. Qualquer coisa além desses biscoitos amanteigados é um foda-se que você *precisa* ligar.

Imagine que a Gabriela do marketing (lembra-se dela?) esteja pedindo doações para sua meia-maratona, cujo valor será doado para uma caridade que é importante para ela, mas não para você. Ela está salvando os ursos-polares ou qualquer coisa. Você não se importa um caralho com os ursos. Mas se preocupa que *não* contribuir com a corridinha beneficente dela fará você ser visto como um desmancha-prazeres por seus colegas e que sempre que vir Gabriela ela dará uma desculpa para virar as costas e sair, em vez de ter que compartilhar oxigênio com um maldito pão-duro que odeia os ursos-polares.

Agora, pergunte-se: *será que realmente me importo sobre o que a Gabriela (ou qualquer pessoa) pensa sobre minha disposição em ajudar sua caridade? E a* opinião *dela (ou de qualquer um) sobre mim?*

Se a resposta for não — e deveria ser, caso esteja levando tudo isso a sério —, então pergunte-se mais isso: *só para constar, me importo com os ursos-polares? E com as meias-maratonas?*

Se a resposta para essas últimas perguntas também for não, então acabou de aumentar sua lista de Coisas do Trabalho para as Quais Ligo o Foda-se. Parabéns!

O próximo passo — que trabalharemos na Parte III — é recusar educadamente (isto é, sem magoar os sentimentos *dela*) sua contribuição; assim, você **começou** a ligar o foda-se para o que a Gabriela pensa, **decidiu** que o evento dela é algo para o qual pode ligar o foda-se, então **ligou** esse foda-se.

Mas, de novo, você não precisa deixar de ser alguém que se importa com tudo e se transformar num cuzão ou num pária do escritório.

Quando digo que pode começar a ligar o foda-se para o que seus colegas de trabalho pensam, quero dizer que, embora não os conheça pessoalmente, provavelmente consegue se virar ao prestar *muito* menos atenção às opiniões deles sobre o que você decide para sua vida.

Outro exemplo: digamos que um de seus colegas de trabalho, Timóteo, fará a festa de aniversário em um bar com karaokê. Por qualquer motivo, você não quer ir à festa dele, mas é o tipo de coisa à qual se sente pressionado para participar — mesmo que vá lhe custar uma boa noite de sono, o dinheiro gasto nas margaritas aguadas e/ou seu respeito próprio. Veja, não estou sugerindo que sua resposta seja dar risada na cara de Timóteo ou que envie um GIF daquele ursinho *Ted* cagando em um chapeuzinho de festa. Estou meramente dizendo que você poderia — educadamente — recusar o convite, e o mundo não acabaria. Você teria um foda-se a menos na sua lista, além de uma noite livre, como resultado.

Ah, ela tem uma *reputação*

Muita gente com quem converso sobre ligar o foda-se no trabalho de fato parece menos preocupada em ferir os sentimentos dos outros e **mais em macular sua própria reputação**. Contudo, é precisamente por isso que o Método Não Lamento preocupa-se *excessivamente* em não magoar as pessoas e não ser um cuzão. Ambas essas coisas contribuem para sua reputação como funcionário, colega ou chefe.

O segredo aqui são a preparação e a sutileza. Você precisa articular seus foda-ses *internamente* — ao caminhar por seu celeiro mental, fazer suas listas e considerar seu Orçamento do Foda-se — antes de vir a magoar alguém em tempo real. Então, aja de acordo.

Se decidir, por exemplo, que vai ligar o foda-se para o piquenique anual da empresa, é só... não ir. Você não pode ser demitido por isso, e pode usar aquelas três horas para assistir *Downton Abbey* ou passar tempo com alguém que ama. (Ah, a quem estamos enganando? "Tacalepau" em *Downton Abbey* sem parar.) Você não precisa ligar fazendo uma ameaça de bomba para cancelar o evento. Apenas recuse de forma oportuna. Honestamente? Ninguém se importa se você vai; você é meio arisco.

Como o presidente Obama talvez diria, "deixe-me ser claro". Uma das coisas para as quais nunca ligarei o foda-se no trabalho — em uma empresa ou como autônoma fracassada — é minha reputação. Cuidar do meu tempo e da minha energia, melhorar minha habilidade de foco e de produção, e ser respeitada o tempo todo são elementos para manter uma boa reputação, o que está no topo de minha lista de Coisas para as Quais Não Ligo o Foda-se.

E se minha reputação for a de alguém que não participa de conference calls? Bem, é uma das coisas que você pode se sentir livre para escrever sobre mim no banheiro masculino, junto com meu número de telefone. Foda-se. (Mas tenho identificador de chamadas.)

Isto não é uma papelada inútil

Como já mencionei, o estado ideal para fazer sua lista é sentado no chão duro, fazendo um tour mental por seu celeiro e começando a sentir o formigamento da cintura para baixo enquanto experimenta a Sobrecarga de Foda-se. No entanto, farei uma exceção para a categoria Trabalho, caso seja uma lista que possa fazer *durante uma reunião*. Fodam-se as reuniões!

Tenha em mente que Trabalho tem diversas subcategorias, como Chefes, Colegas, Normas, Reuniões, Memorandos etc. E Colegas pode incluir sub-subcategorias como Sentimentos, Aniversários e Pets Doentes.

Imagine que haja vários arquivos de metal amassados junto às paredes de seu celeiro. Abra todas as gavetas, uma por uma, e faça uma lista de todos os foda-ses relacionados ao trabalho que encontrar lá dentro.

Depois (e só então) poderá passar para a Categoria Três: Amigos, Conhecidos e Estranhos.

Nota sobre o grau de dificuldade

Assim como os furacões, as Quatro Categorias de Potenciais Situações para Ligar o Foda-se ficam mais perigosas conforme o número aumenta. Tenho fé em sua habilidade de aguentar o tranco, mas, se ficar nervoso quanto a passar à Categoria Três, apenas saiba que estamos falando sobre coisas *extremamente* práticas aqui.

Tipo, se alguma vez já se sentou no sofá imaginando como se safar com uma desculpa de última hora para não aparecer na declamação de poesias de seu amigo, você deve estar na expectativa para ir à próxima categoria. Poderá ser um pouco desconfortável no começo, como também será ficar ouvindo *A Ilíada* declamada com o fundo musical da música-tema de *Mister Roger's Neighborhood* desesperado para aliviar sua bexiga das quatro taças de pinot grigio que você tomou só para chegar até essa altura.

COISAS RELACIONADAS AO TRABALHO PARA AS QUAIS POSSO OU NÃO LIGAR O FODA-SE

Amigos, Conhecidos e Estranhos

Adoramos nossos amigos. É por isso que *são* nossos amigos. Mas todos os relacionamentos são complicados, e algumas pessoas irritam seus amigos. Faço isso o tempo todo, como quando fico bêbada, coloco coisas sobre a cabeça e forço meus amigos a tirarem fotos. Sei que isso fica irritante, mas, veja, talvez eles devessem sair silenciosamente depois da minha quinta taça de vinho! E é exatamente por isso que é importante desenvolver sua estratégia interna para ligar o foda-se para os conflitos que podem tensionar muito — ou até destruir — uma amizade.

A questão é: outras pessoas depositam muitos foda-ses *delas* em *seu* celeiro mental. Alguns são armazenados por pouco tempo. Outros já estão pegando pó lá no canto há anos. Mas a verdadeira pergunta é: como esses foda-ses foram parar lá, para início de conversa?

Ah, é verdade. Você os deixou entrar.

Estabelecendo limites

Em sua busca para não ser irritado por amigos, conhecidos e até estranhos, você precisa estabelecer alguns limites em torno de seu celeiro.

Talvez sejam barreiras invisíveis, como aquelas cercas elétricas que as pessoas colocam para impedir que seus pets escapem. Por exemplo, digamos que, sempre que vai à casa de certo casal, o cachorrão babão deles tenta lamber suas bolas como se fossem feitas de ração, e você não quer ir lá para não ficar *irritado* com seus amigos por causa do cachorro lambedor de sacos. Você está se fodendo para o cachorro, mas não quer lhes dizer isso porque suspeita que irá ferir os sentimentos deles. Como você é educado! Assim, estabelece um limite particular: você convida eles para sua casa ou sugere lugares neutros em que suas bolas possam permanecer longe do perigo. E, se houver algum evento na casa deles, talvez fique com uma dorzinha no estômago. Não faz mal aguentar um estresse gástrico de vez em quando para manter intacta uma amizade.

Às vezes seus limites podem ser mais óbvios, como uma deliciosa placa NÃO ULTRAPASSE ou aquele arame farpado todo chique enrolado que é usado nos muros das prisões.

Por exemplo, no início do desenvolvimento do meu Método Não Lamento, me deparei com o Problema do Jogo de Perguntas e Respostas no Bar. Tenho um grupo de amigos que simplesmente *adooora* esse jogo. Em Williamsburg! (Para quem não sabe, Williamsburg, Brooklyn, é um terrível terrenão baldio hipster populado exclusivamente por bigodes e latas vazias da cerveja Pabst Blue Ribbon.) Eles insistiam para me juntar a eles, e eu continuava dando minhas desculpas esfarrapadas para não ir. Daí tinha que me lembrar de qual tinha sido a desculpa para não ser pega no Facebook durante o jogo "TIRANDO MEU COCHILO".

Mas quando abracei o Não Lamento, em vez de fritar o cérebro inventando outra desculpa esfarrapa — e ter que autopoliciar minha rede social para não ser pega na mentira —, da próxima vez que me convidaram, apenas disse: "Sabem o quê? Realmente não gosto desse jogo e também não sou fã de Williamsburg, então minha resposta será sempre não. Acho que devo lhes dizer isso agora e nos poupar de todo o teatrinho de convites e recusas."

Ergui minha cerca e funcionou como mágica!

Está preocupado que seus amigos ficarão bravos se você apenas lhes disser a verdade educadamente? Então você se preocupa demais. A beleza do Método Não Lamento é que você *não tem que* se preocupar, pois já levou os sentimentos e as opiniões de todo mundo — incluindo os seus — em consideração antes de agir.

Agora que meus amigos sabem a verdade, sinto-me Liberta, com um *L* maiúsculo. Fui honesta e educada, e o sentimento de ninguém foi ferido, então não precisei pedir desculpa. Literalmente, não lamento.

Além disso — grande vitória —, não precisei ir ao jogo de trivialidades no bar em Williamsburg.

* * *

Esses dois primeiros foram exemplos bastante fáceis e simples, mas estamos só começando. Haverá muitas coisas em sua lista de Amigos que exigirão um Não Lamento mais complexo, e é por isso que incluí Conhecidos e Estranhos no mix da Categoria Três. Assim, se travar e não souber decidir se liga ou não o foda-se quanto ao "chá de divórcio" de sua amiga ou à lesão realmente insignificante sobre a qual ela não para de falar (tornozelos sofrem torções, Suzana, é o que eles fazem), você pode praticar seu método com um vizinho ou um caixa de supermercado tagarela, depois ir trabalhando os foda-ses que você liga ou não com as pessoas mais próximas e queridas.

O que me leva a...

Solicitações, doações e empréstimos, minha nossa!

Mencionamos isso de leve no caso da Gabriela do marketing, mas o pedido de dinheiro para doação a uma causa ou ao projeto pessoal de alguém — ou mesmo um empréstimo em dinheiro — acontece ainda mais regularmente entre amigos. Sabe do que estou falando: uma quantia aqui para arrecadar fundos para o candidato do momento de alguém, outra doada ali para um evento ciclístico combatendo a obesidade felina ou a vaquinha coletiva para o "kazoo perfeito".

Você pode colocar as vaquinhas coletivas de todos os tipos na Categoria Um de sua lista de Coisas para as Quais Ligo o Foda-se, mas aquele pedido direto por dinheiro e validação sempre está atrelado a uma pessoa. Pode ser um amigo pessoal, um conhecido das redes sociais ou, em muitos casos, um estranho com um amigo em comum que se sentiu culpado a ponto de encaminhar isso para você e outros trezentos caipiras. Essas coisas são Categoria Um com Categorias Dois a Quatro, e mais. Muito ardiloso.

De qualquer modo, não quero deslegitimar tais pedidos, que são geralmente feitos de boa-fé. Mas, embora haja inúmeras causas, caridades e invenções excelentes por aí que possam ser dignas de seu dinheiro e atenção — eu mesma já contribuí com diversas —, **arriscarei um palpite e direi que não é possível acomodar TODAS dentro de seu Orçamento do Foda-se**.

E é por isso, meu amigo/conhecido/estranho, que você está lendo este livro!

A internet possibilitou inovações gloriosas como o Tinder e o Mahjong online, mas também trouxe à tona o pedinte dentro de nós na forma de e-mails, redes sociais e sites de vaquinha coletiva. **Essas vias fazem com que seja mais fácil e menos confrontador para as pessoas pedirem dinheiro a você**. Se todos os pedidos que recebo por e-mail ou Facebook precisassem ser feitos pessoalmente com uma prancheta e uma pochete para guardar as doações em dinheiro à moda antiga, garanto que metade dessa turma jamais sairia andando de bicicleta para curar a obesidade felina ou inventar aquele kazoo.

Em um ano, por exemplo, recebi via rede social ou e-mail pedidos urgentes para doações para curar AIDS, diabete e doenças cardíacas; apoiar a Parentalidade Planejada; financiar um podcast, dois filmes independentes e três álbuns musicais; erradicar quatro tipos de câncer; e subsidiar diversos empreendimentos condenados. **Alguns de amigos próximos, outros de amigos de amigos e ainda de — sim — totais estranhos.**

Antes de iniciar minha caminhada rumo à iluminação, passei minutos valiosos arrancando os cabelos para decidir se contribuía com algum ou todos esses apelos de caridade, depois gastei muito dinheiro em doações. **Mas a questão não se resumia ao tempo e ao dinheiro.** Também desperdicei muita energia me preocupando com quem saberia se eu havia ou não contribuído, e sobre o que pensariam de mim. E também se eu precisaria *falar* com eles sobre isso em uma festa algum dia, com meu rabinho entre minhas perninhas mesquinhas.

Chega!

Agora que sou praticante do Método Não Lamento, posso decidir de forma rápida e fácil se ligo ou não o foda-se para o pedido em si e se isso afeta a mais alguém, então posso agir de maneira honesta e educada, o que me dá mais tempo, energia e dinheiro para gastar em outras coisas. Posso colocar um cadeado na porta do meu celeiro e abri-lo apenas para aquilo que (a) tenho espaço para guardar e (b) fico feliz em guardar por uma noite, duas semanas ou para sempre.

Já mencionei que meu método é simples e transformador?

Comecemos com os estranhos e os conhecidos, depois passamos aos amigos, subindo um degrau carente por vez.

Digamos que você recebeu um e-mail de um conhecido que obviamente só o enviou com cópia para todos os contatos da agenda pedindo que você "contribua com o que puder!" para angariar fundos para o empreendimento de seus velhos amigos para... sei lá... fazer óculos de sol para cachorros.

Revisando o que já aprendeu, você decide que, embora esse item em seu Orçamento do Foda-se afete outra pessoa, é de forma bem indireta — você não está tirando nada ativamente desse aspirante a empreendedor (que é um completo estranho para você), só não está acrescentando nada ao cofre dele.

Segundo, a pessoa que lhe enviou o pedido é apenas um conhecido, e não um amigo próximo, então provavelmente não precisa se explicar pessoalmente — sua **diferença de opinião** quanto à necessidade que o mundo tem de óculos de sol para cachorros.

Por último, essa não é uma situação em que, caso seja abordada adequadamente, os **sentimentos** de alguém serão feridos. Quero dizer, você não deve responder para todos da lista dizendo que *óculos de sol para cachorros? É a ideia mais idiota desde Baby Bangs!** Não precisa ser um cuzão sobre o assunto. (Só para registrar, ambas são ideias muito idiotas. Para que caralho um bebê de seis meses de idade precisa de extensões de cabelo?)

Portanto, Passo 1: depois de tudo dito e feito, você liga o foda-se para óculos de sol para cachorros?

* http://baby-bangs.com/index2.php.

Sim? Então por que ainda não deletou o e-mail, seu mané? (Desculpe, mas essa foi fácil demais.)

Tudo bem, vai, mas esse era só um amigo aleatório de um amigo. O que acontece quando um amigo realmente próximo quer que você faça uma doação muito importante para ele?

É aqui que você precisa ir mais fundo e usar todas as suas ferramentas. Passar cera, tirar cera, pintar cerca etc. (o Sr. Miyagi... esse era um cara que ligava o foda-se).

Primeira pergunta: o projeto de seu amigo é realmente importante para você também? Isso, sabe com é, "traz alegria"? Se a resposta for sim e você puder encaixar uma doação em seu orçamento real, e não apenas em seu Orçamento do Foda-se, então vá com Deus. Por que estamos tendo essa conversa então?

Mas, se a resposta for não, pergunte a si mesmo se é possível recusar (de forma honesta e educada) sem magoar seu amigo. Dependendo do tipo de pessoa, isso pode ser fácil ou nem tanto.

Nunca mais precisará falar sobre isso depois da troca inicial de e-mails? Então Ligue o Foda-se. Nem pense em acessar o site da vaquinha coletiva.

Ou será que seu amigo provavelmente mencionará o assunto em uma conversa casual quando o vir? ("MDS, minha vaquinha coletiva já tem 17%! DÁ PARA ACREDITAR?! — emoji de piscadinha".) Nesse caso, você deveria responder algo como: "Que legal! Estou muito feliz por você", enquanto pensa, *não vou reconhecer que não contribuí até você me pedir diretamente, seu covarde.*

Nessas situações, você é tipo um mestre da arte marcial chinesa tai chi, em que o princípio geral é ceder a um ataque em vez de enfrentá-lo com força oposta. Ao fazer isso, você absorve a energia de seu oponente e a redireciona para ele, derrotando-o com seu próprio ataque. **Ou seja, você pode responder educadamente à agressão passiva com um toque próprio e vencer a batalha sem seu amigo perceber que você lutou.**

Ficará um pouco mais complicado — mas não impossível! — caso seu amigo seja uma daquelas pessoas que não pode ser aplacada com um desvio gentil e um pouco de filosofia chinesa antiga. É aqui que você precisa sacar seu Orçamento do Foda-se e sua calculadora de opiniões versus sentimentos em plena festa e desenvolver sua resposta honesta e educada sobre como está *super*feliz por ele e espera que entenda que você não pode gastar dinheiro agora para ajudar alguém em busca de seus sonhos e esperanças.

Et voilà.

Vá em frente, diga isso. Acha que não funcionará, não é?

Você reconhece que, no fim, talvez poupe o dinheiro em si, mas *realmente* não acredita que poupará o fato de ter que arrancar os cabelos com relação ao que seu amigo pensa ou à possibilidade de magoá-lo.

Acha que não passei por isso? Bem, passei e é por isso que tenho mais uma coisinha em minha bolsa de truques para você…

Normas pessoais

As normas pessoais são uma maneira excelente de ligar seu foda-se de forma rápida, eficiente e com um risco extremamente baixo de magoar alguém. (Veja bem, não posso ajudá-lo se seu amigo é um caso de egocentrismo *tão* grande assim — talvez ele deva considerar terapia.)

Funciona deste modo:

Se há algo para o qual ligo o foda-se, mas que paira naquela área cinzenta de potencialmente magoar alguém não importando o quão honesta e educada eu for, simplesmente atribuo isso a uma "norma pessoal".

Por exemplo: "Tenho uma norma pessoal contra doar para vaquinhas coletivas porque, se doar para uma, sinto que devo doar para todas. Não tenho dinheiro para isso e, se precisar escolher, não quero que nenhuma pessoa que amo sinta que a valorizo mais ou menos do que outra pessoa."

Tcharan!

Como eu disse, **você pode incluir quaisquer/todas as doações de caridade, contribuições e até empréstimos de dinheiro vivo nessa categoria de foda-se**, visto que são normalmente solicitados da mesma forma, pelas mesmas pessoas e podem ser cobertos pela mesma norma pessoal.

Repita mais uma vez, com sentimento:

"Tenho uma norma pessoal contra __________, pois, se eu __________ uma, sinto que preciso __________ todas. Não tenho dinheiro para isso e, se precisar escolher, não quero que nenhuma pessoa que amo sinta que a valorizo mais ou menos do que outra pessoa."

Agora, imagine que esteja recebendo essa resposta. Talvez fique um tantinho irritado por um segundo, mas dá para realmente... argumentar? Não dá. Pelo menos, não sem ser um cuzão. (Viu o que eu fiz aqui?) E você certamente não deve levar isso para o lado *pessoal*. É apenas minha norma — que é tipo minha opinião, mas ainda mais difícil de ser argumentada por alguém, pois, como seres humanos, somos condicionados a nos submeter a coisas como "regras" e "normas".

Eu disse que não sou marinheira de primeira viagem.

Coisas contra as quais você pode ter uma norma pessoal

Segunda festinha de chá de panela/despedida de solteiro

Totalmente desnecessário.

Dar consultoria profissional de graça

Sinto muito, mas pareço alguém que não cobra um bom dinheiro pela expertise aprendida depois de oito anos estudando e tendo pago uma nota preta para me pós-graduar?

Reuniões no café da manhã

Ótimas para evitar encontros com pessoas sóbrias e criancinhas.

Dirigir por mais de quatro horas ida e volta no mesmo dia

"Problemas na coluna."

Karaokê

É meio assustador descobrir quantas vezes e de que maneiras uma norma pessoal contra karaokês pode salvar sua pele.

Jantares coletivos

Sério, qual é a porra do problema das pessoas?

Documentário

É o tipo mais comum de filme que seus amigos farão, acredite.

Recitais de poemas

Se nunca confirmou a participação, não ficará se martirizando por um cancelamento de última hora, não é?

Não é não

Vejamos uma norma pessoal em ação:

Digamos que um amigo pessoal me convidou para o acompanhar em uma inauguração de galeria com sessão de perguntas com um artista depois. Eu realmente ligo o foda-se para esses eventos — o mero fato de pensar em ir me faz querer cortar os pulsos com um palito de dentes que acabei de arrancar de um cubinho de queijo mofado —, mas ele é muito sensível e pseudointelectual, e não quero magoá-lo, então lhe digo que tenho uma norma pessoal contra inaugurações de galerias.

E talvez eu até olhe para baixo e tenha um calafrio, só para dar o recado. Até onde ele sabe, eu peguei gonorreia na última inauguração de galeria a que fui. Ninguém vai querer falar sobre isso.

Em minha experiência, as pessoas não tendem a pressionar muito se você lhes dá uma norma pessoal (especialmente quando é dita com certa elegância). Se eu dissesse, "ah, realmente não gosto de inaugurações de galerias", seria apenas minha opinião — e, embora seja válida e eu possa defendê-la com confiança, é mais fácil debater opiniões do que normas. E você pode ter que debater um pouquinho, desperdiçando tempo e energia preciosos:

"Você não gosta de inaugurações de galeria? Por que não?"

"Ah, acho meio chatas e meus pés ficam doendo de ficar muito tempo em pé."

"Mas você pode interagir de perto com a obra sob luzes de halogênio!"

E sempre há os *sentimentos* inoportunos de seu amigo.

"Eu sei, mas sempre fica muito abafado lá dentro. Acho que esses amantes da arte não usam desodorante."

"Hum, o que está querendo dizer, exatamente? Que eu *cheiro* mal? Meu Deus, que cuzona você está sendo, sabe? Poderia só ter dito não."

"Foi o que eu disse, mas daí você ficou insistindo. Percebe que ainda estamos falando sobre isso, né?"

As normas pessoais são certamente a melhor opção nesse caso. São misteriosas e tendem a deixar as pessoas um pouco desconfortáveis e encerrar a conversa. Como Kanye no Video Music Awards da MTV.

E o fato ainda melhor sobre desenvolver uma norma pessoal é que ela é sua, então você pode mudá-la ou suspendê-la quando quiser — e ninguém irá debater com você, pois *a pessoa* receará ferir *seus* sentimentos!

Temos aqui uma merda realmente ninja. O Sr. Miyagi ficaria orgulhoso.

O elefantinho na sala

Fizemos um bom trabalho até agora, não? Fizemos visualizações intensas, aprendemos a diferença entre sentimentos e opiniões, praticamos a arte de ligar o foda-se para o que os outros pensam, examinamos em detalhes nosso Orçamento do Foda-se e vimos a real sobre normas pessoais (um favorito *pessoal*). Quase posso sentir a mágica transformadora fervilhando dentro de você.

O que, é claro, significa que chegou a hora de eu lhe lançar uma bola com efeito.

Ligar o foda-se não é necessariamente fácil. Simples? Sim. Fácil? Nem sempre. E é precisamente por isso que estamos desenvolvendo um fundamento sólido de listas, cenários de prática e conceitos relacionados a fim de fortalecer suas defesas para as coisas bem difíceis.

Como as crianças.

Que amigos, conhecidos e estranhos parecem ter um estoque infinito.

(Não estou falando sobre sobrinhas, sobrinhos, primos, filhos e netos — todos esses pertencem à Categoria Quatro: Família. É totalmente outra placenta. Neste momento, estamos nos concentrando em identificar as coisas para as quais é possível esperar com sensatez que você ligue o foda-se, relacionadas a crianças *sem relação* com você.)

Caso não tenha filhos, pode ser assustador admitir que liga o foda-se às coisas relacionadas a crianças. Os sentimentos das pessoas quanto aos filhos são tão empáticos e viscerais (e ocasionalmente irracionais) que pode ser difícil prever com precisão se você — em sua busca para ligar o foda-se para as festinhas de aniversários de criancinhas — magoará alguém ou se a pessoa aceitará sua diferença de opinião e livrará sua cara.

Nada disso altera o fato de que acordar às 9h da manhã em um domingo para ver um nenê de 1 ano de idade esfregar bolo na cara seja algo para o qual você definitivamente liga seu foda-se — porém, talvez seja compreensível que esteja receoso de ir para o Passo 2: ligar o foda-se.

É para isso que estou aqui.

Como já pode ter deduzido, eu sou, digamos, imune aos encantos das crianças. Mas ao longo de minha experiência — e porque os pais tendem a se sentir confortáveis em confidenciar alguns segredinhos vergonhosos a uma colega sem filhos depois de algumas garrafas de vinho — **posso dizer que até mesmo os pais ligam o foda-se para as crianças que não são suas.**

Como uma mãe colocou: "É tudo uma questão de direcionamento, na real. Todos os meus foda-ses não ligados se direcionam ao *meu* filho. Não tenho nenhum sobrando para você ou para como você faz isso."

Sendo assim, só para ter certeza absoluta de que este livro contenha níveis adequados de mágica transformadora para *todo mundo*, **indaguei pais e mães do país todo para descobrir**

exatamente as coisas para as quais ELES ligam o foda-se e por quê.

Foi extremamente iluminador, e compartilharei com você no momento oportuno.

Mas também reconheço que, por mais catártico que tenha sido (e como foi) para esses pais me contar tudo sobre os foda-ses que ligam com respeito a xixi e chupetas, vários acrescentaram a ressalva de que muito sobre o fato de ter filhos *é* recompensador e que vale a pena não ligar o foda-se.

E este é o segredo: **não ligar seu foda-se para as coisas que o fazem feliz** — como ler, cozinhar ou brincar com sua miniatura **— e ligar o foda-se para o resto.**

Uma mãe respondeu sob a perspectiva de ensinar seus próprios filhos sobre as coisas para as quais não ligar o foda-se: "Como alguém que cresceu em um lar cheio de culpa, acredito ser importante que nossos filhos saibam que podem tomar decisões com relação às coisas com as quais se importam, e que não precisam prestar atenção à aprovação ou à condescendência dos outros ao decidir como viverão sua vida."

Na mosca!

E talvez o comentário mais prático tenha vindo de uma mãe que disse que ter um filho pode lhe ser muito útil para priorizar o foda-se com relação a *outras* áreas de sua vida, como o trabalho. Que o bem-estar desse ser humano novinho em folha pode, às vezes, ser o catalisador para finalmente ligar o foda-se quanto a fazer hora extra, assumir mais responsabilidades e ser reserva no time real ou metafórico de futebol da empresa. Pode levar você a estabelecer limites claros com supervisores e funcionários, e ser honesto e firme quanto ao que é capaz de lidar em determinado dia.

Em outras palavras, aquela preciosa criaturinha poderia ser seu primeiro passo para adotar o Método Não Lamento, Categoria Dois: Trabalho. *Bum!*

Sem mais delongas, tenho a satisfação de apresentar o seguinte:

Coisas para as quais até os pais ligam o foda-se

De onde seu bebê surgiu. Parto natural vaginal e sem remédio? Mais poder para você. Cesariana? Mantendo a coisa apertadinha. Parto na água? Se é isso que curte... De outra mulher totalmente? Como a ciência é fantástica! Seja lá qual for a proveniência de seu pacotinho da alegria, a maioria das pessoas liga o foda-se, então você pode parar de sentir a necessidade de defender sua epidural quando está na companhia de alguém.

Se você decide amamentar ou não. Embora alguns comentários no Facebook possam sugerir o contrário, o fato é que a maioria dos pais se importa só com os hábitos de mamar de seus próprios filhos e liga o foda-se caso o seu querido recém-nascido tenha conseguido a "pega", o quão rachados seus mamilos possam ou não estar, ou se o sistema imunológico do bebê sofrerá porque só toma fórmula. Faça o que quiser, mamãe.

Ferberização. Você não precisa justificar ou censurar o método para qualquer um. Ninguém se importa com como seu filho pega na porra do sono. Apenas faça acontecer!

Compartilhar. A maioria dos pais quer que seus filhos se tornem adultos que entendam o conceito de compartilhar e saibam quando isso é o certo a fazer. Assim como querem que eles cresçam e não se tornem *serial killers*. Mas talvez todo mundo se fixe no compartilhar um pouquinho demais em termos deste ou daquele brinquedo, livro ou chapéu. Como uma mãe disse: "Seria adorável se meu filho quisesse compartilhar seu caminhãozinho [com outra criança], mas eu não pergunto a você se posso dar um gole em seu café no parquinho, não é? Você pode me lançar diversos olhares implorando/julgando/condenando enquanto seu filho chora por causa do brinquedo de outra criança — passarei dez minutos em paz lendo coisas em meu telefone enquanto meu filho está alegremente ocupado com o brinquedo que *eu* comprei para ele."

"O que os especialistas dizem." Os pais sabem o que os especialistas dizem — eles leem os mesmos livros, artigos e estudos amplamente conflitantes quando querem decidir se deixam ou não a cria mexer em um iPad dez minutos por dia antes do seu quinto aniversário. E podem até não ligar o foda-se para o que os especialistas dizem — ou ligar —, mas certamente não querem ouvir isso tudo de novo de *você*, um não especialista 100% certificado.

Ensinar a criança a usar a privada. Alguns pais gostam do sentimento de camaradagem/*schadenfreude* que acompanha a conversa nesse caso — isso os ajuda a se sentir menos sozinhos. Talvez tenham boas dicas ou se sintam superiores por ter um filho que aceita com facilidade o troninho de porcelana. Mas, no todo, há pouquíssimas pessoas nesta Terra que não ligam o foda-se para os detalhes de quando, onde, sob quais circunstâncias e com que frequência uma criança evacua lixo de sua metade inferior. Que nojo.

Programação de cochilos. A partir de minha pesquisa sobre este tópico, parece que muitos pais se lembram de que *eles* mesmos pegavam no sono em qualquer horário e lugar quando crianças, contudo os textos modernos sobre a criação de filhos os fazem acreditar que os cochilos devem acontecer dentro de uma programação tão estrita quanto o regime de treinamento de Béla Károlyi, caso tenham esperança de que ALGUÉM VOLTE A DORMIR ALGUM DIA. O que é uma preocupação perfeitamente compreensível — há um motivo pelo qual a privação de sono é uma forma de tortura. Mas, sabe como é, talvez não precisemos *falar* tanto sobre isso, não? Uma mãe me disse que sempre que suas amigas começavam a detalhar a programação de cochilos dos pequenos João e Joana, ela preferia falar sobre livros, política, sobre seu último sonho sexual ou sobre os braços de Matthew McConaughey (que podem ter tido um papel de destaque em tal sono). *Alright, alright, alright.**

"Se alguém acha que eu deveria continuar tentando até ter um filho [do sexo oposto ao dos três que já tenho]." Ouvi isso de várias mães e, sério, é uma possibilidade de 50% a cada vez, não é? Então... será que as pessoas que fazem essa pergunta ridícula continuarão tirando os bebês de sexo errado das mãos da mamãe até que ela ganhe na loteria?

Superioridade parental. Ninguém além de você se importa com quais programas INCRÍVEIS a escola de seu filho oferece (robótica! Mandarim! Trapézio!), quantas horas de tarefa os professores passam ou toda a logística complicada que você faz com seu carro. Aqueles que não são pais ligam o foda-se, mas os outros pais querem apenas saber dessas coisas se estão considerando colocar seus próprios filhos em tal escola ou querendo rachar as caronas com você.

* * *

Pais! Quem diria!? Sinto-me muito melhor sobre todos os foda-ses que liguei para essas coisas, e espero que você também.

---

* McConaughey tornou famosa a frase "alright, alright, alright" quando estrelou como David Wooderson no filme de 1993 *Jovens Loucos e Rebeldes*.

Por fim, para fechar a Categoria Três, tenho um conselho comprovadíssimo que pode ir contra tudo que você já leu até aqui — mas, como sabemos, a partir do fato de que Nick Nolte já foi eleito o homem mais sexy vivo pela revista *People*, às vezes não há explicação para as coisas deste mundo...

Às vezes não faz mal magoar os outros

Ah, não fique chocado. É verdade que, até agora, defendi ferrenhamente que você use o "sentimento das outras pessoas" como um barômetro para decidir se não liga o foda-se e, o mais importante, considerá-las ao executar o Passo 2 do Método Não Lamento, ligar o foda-se. Honestidade, educação, não ser cuzão. Você sabe.

Mas, quando o assunto são os estranhos da Categoria Três (e até os ocasionais conhecidos), preciso lhe dizer: às vezes, simplesmente você não pode se preocupar com quais sentimentos fere enquanto busca viver sua melhor vida.

Ligar o foda-se — e deixar de ligá-lo para o que é realmente importante para você — é um processo em evolução. Isso significa priorizar seus foda-ses com base no que surge em seu dia a dia. E haverá dias em que magoar algum estranho será a menor de suas prioridades.

A menor de todas.

Não estou dizendo que você deveria tuitar insultos para estranhos só porque deu na telha. Ou sair na rua e exortar algum transeunte aleatório a "chupar uma montanha de paus" (TM Louis C.K.). Isso não é mágica transformadora. É apenas maldade.

Porém, alguma vez, algum dia, lá no fundo do seu coração, você saberá quando estará tudo bem magoar alguém no processo de ligar o foda-se. Os economistas chamam isso de custo de oportunidade. Eu chamo isso de senso comum.

Alguns cenários em que estará tudo bem magoar um estranho no processo de ligar o foda-se

1. **Quando alguém bate à sua porta tentando convertê-lo à sua religião.** Você não precisa — repito, *não* precisa — se sentir mal por fechar a porta na cara da pessoa. É tudo uma questão de educação.

2. **Quando a pessoa à sua frente na fila do Starbucks não consegue se decidir e você está com pressa de verdade.** Por este meio, eu lhe concedo a permissão de perguntar: "Então... você é míope? Porque não me importo em recitar o menu inteiro para você, um processo que de modo algum será mais demorado do que o tempo que perdemos esperando você tomar algumas decisões muito básicas de vida."

3. **Quando a pessoa no palco de um clube de comédia é absolutamente a *antítese* de engraçada.** Ser educado é uma coisa; aguentar vinte minutos de piadas velhas e cervejas mais velhas ainda é totalmente outra. Foi a pes-

soa que escolheu essa carreira — é melhor que ela tenha nervos de aço. Ligue o foda-se; saia sem olhar para trás.

4. **Quando outras mulheres urinam na tampa**. Essas monstras merecem ser humilhadas abertamente. Meu Orçamento de Foda-ses tem espaço de sobra para o tempo que eu passo limpando cuidadosamente o *seu* xixi antes que possa me sentar em uma privada pública, e sou baixinha demais para me agachar corretamente. Irei atrás de você naquele bar/estádio/conferência/banquete e teremos uma conversinha séria, pode esperar.
5. **Quando alguém reclina a poltrona no avião bem em cima do seu joelho**. Eu ligo o foda-se para seu espaço pessoal se você faz o mesmo para o meu, amigão. Talvez eu não fira seus sentimentos, mas ficarei chutando suas costas pelo tempo necessário.

Então, aí está: diversas ferramentas para você decidir se liga ou não o foda-se em diversos cenários envolvendo amigos, conhecidos ou estranhos em seu futuro. Hora de se sentar no chão, revirar seu celeiro mental e fazer sua lista!

AMIGOS, CONHECIDOS, ESTRANHOS E ITENS RELACIONADOS PARA OS QUAIS POSSO OU NÃO LIGAR O FODA-SE

E aí… sobrou algum amigo?

Passamos um tempo falando sobre o aspecto negativo para você chegar ao âmago das coisas para as quais honestamente liga o foda-se. Mas **todo o propósito de fazer essas listas** e considerar coisas que ameaçam ou sobrecarregam seu Orçamento do Foda-se é **para revelar quais *valem* a pena**. E ter mais tempo e espaço emocional para preservar e buscar os relacionamentos e todos os foda-ses envolvidos.

É na Parte IV que tudo isso será sintetizado, mas, antes de chegarmos lá, temos mais um pouquinho de trabalho a fazer.

Sim, está na hora de escancarar as portas do celeiro para a mãe de todos os foda-ses.

Família

Ah, a família.

Ah, *eles*.

Por onde começar? Assim como a Receita Federal, sua família existe para foder com você. A família — e todas as fotos em grupo, casamentos, bar e bat mitzvahs, batizados, quenceañeras, férias com tudo incluso, sessões de terapia em grupo, tios de direita, rivalidades entre irmãos, drama e rancores — promove foda-ses diários e constantes.

Assim como determinada porcentagem (alguns talvez digam "exageradamente grande") de sua renda vai automaticamente para os impostos, **certa porcentagem de seus foda-se vai direto para a Família**. E, acima de tudo, de alguma forma as consequências dos foda-ses ligados (ou não) parecem mais pesadas do que as derivadas de Coisas, Trabalho e Amigos/Conhecidos/Estranhos juntos. É como se estivéssemos com medo se ser auditados por nossos primos.

E por quê?, você pergunta. Tenho uma palavra para você: **culpa.**

Quando você sente culpa, já fracassou em ligar o foda-se. Fim de jogo. Porque sentir-se culpado significa que você não conseguiu usar eficazmente as ferramentas e a perspectiva que eu lhe ensinei não apenas para ligar o foda-se, *mas para se sentir mais feliz ao fazê-lo.*

A culpa não é um sentimento feliz. É mais como aquela sensação quando você tem uma coceira repentina e agonizante na área da virilha, mas está rodeado de gente e não pode meter a mão lá dentro e parece estar *morrendo* para conseguir algum alívio. A culpa nos faz sentir assim.

Ligar o foda-se sempre deve resultar em mais prazer, satisfação e felicidade. E não coceira na virilha.

O que torna ainda mais importante estudar o Método Não Lamento e usar cada ferramenta à sua disposição para desligar a máquina de culpa da família antes que ela o engula e o cuspa como aquele assassino nórdico fez com um cadáver e uma máquina trituradora de madeira em *Fargo*.

Se possível, procure ficar longe desse resultado.

Como talvez se lembre, anteriormente neste livro falei um pouco sobre a obrigação e como ela pertence à família. É uma verdade universalmente reconhecida que os familiares tendem a pensar que outros familiares ***não* podem ligar o foda-se para eles porque têm um DNA compartilhado**.

Pense nisso por um segundo. Faz sentido? Não mesmo.

Um dos princípios centrais do foda-se é a escolha acima da obrigação. Você precisa *escolher* como despender seu tempo, sua energia e seu dinheiro para que possa maximizar a alegria de qualquer relacionamento, tarefa, produto ou evento. **Coisas que você pode controlar versus as que não pode**.

E, como todos sabemos, você não pode escolher sua família. Então, no mínimo dos mínimos, deveria poder escolher *como e por que interage com ela*. Certo?

Certo?!?

Suspiro.

Bem, vamos pelo menos tentar.

Quando um charuto não é só um charuto e uma xícara de chá não é só uma xícara de chá

Digamos que sua mãe, Deus abençoe seu coraçãozinho nostálgico e microgerenciador, está tentando empurrar para você o jogo de porcelana Royal Heidelberg que era da mãe dela (sua avó), e você realmente não quer. Você sente que isso afeta apenas a si mesma, porque é você que terá que guardar tudo, fingir que gosta do jogo e usá-lo quando seus pais a visitarem — mas você sabe que, na realidade, isso afeta sua mãe também, pois ela se afeta por literalmente tudo o que você faz (você saiu da *vagina* dela). Assim, se recusar aceitar tal "presente" da mulher que lhe apertou para fora de sua cérvice macia e jovem, certamente a magoará.

Então... hora de abrir o jogo com ela sobre "opiniões versus sentimentos", certo?

Ah, mas muito embora seja realmente apenas com a *opinião* de sua mãe que você deveria se importar quanto ao jogo de porcelana da família, ela não consegue separar isso dos *sentimentos* com a mãe dela/sua avó, que nunca nem saberá que você ficou com as xícaras de chá, porque está morta (meus sentimentos).

Você então repassa inúmeros cenários em sua cabeça e decide que não há o que fazer, porque, mesmo se for honesta e ultraeducada, sua mãe provavelmente ficará magoada não importa o que disser. Você chega à conclusão de que deve engolir e fingir que não liga o foda-se quanto às xícaras.

Essa frustração é comum quando lidamos com a família. Dá vontade de apenas jogar as mãos para o alto e se submeter por causa da **OBRIGAÇÃO** e da **CULPA**.

Estou aqui para lhe dizer que há alternativas.

Claro, não posso afirmar que o absolverei de *todas* as inclinações culposas perante sua família — é para isso que servem as receitas de benzodiazepinas —, mas esta seção do livro o ajudará a decidir quais aspectos de sua vida familiar realmente valem seu foda-se e/ou se são inegociáveis. Sim, às vezes você precisa só engolir e não ligar o foda-se para a família, mas posso lhe mostrar como reclassificar seus foda-ses para extrair o máximo de uma situação menos que ideal. Lembre-se: você faz parte de sua família, e também merece ser feliz.

As pesquisas dizem que...

O fato é que todos nós compartilhamos das mesmas opiniões quando o assunto são as coisas para as quais ligamos o foda-se com relação à nossa família. Sei disso porque conduzi uma pesquisa anônima pedindo que as pessoas dissessem algo sobre sua família que estava no topo da lista Ligo o Foda-se, e até eu fiquei chocada com a enxurrada de respostas iguais. (Eu disse que a família é uma porra de campo minado.)

Então, jogaremos nossa própria versão do programa favorito em que as mães se sentem constrangidas, *CASOS DE FAMÍLIA!*

O que questionei em minha pesquisa foi: "Diga algo para o qual você liga o foda-se relacionado à sua família." Leia a seguir os seis principais resultados, começando pelo menos popular.

6) O fato de termos o mesmo sangue, como se isso me obrigasse a fazer algo que você quer

Há cerca de cinco minutos, declarei que não faz sentido algum não ligar o foda-se para qualquer pessoa ou coisa *só porque você está geneticamente vinculado a essa pessoa ou coisa*. Com a exceção de seus próprios filhos, a quem você meio que deve, uma vez que os trouxe a este mundo — pelo menos até que tenham idade suficiente para se defender —, você simplesmente não é obrigado a não ligar o foda-se. Talvez *pense* que é. Mas não é. E muitos de vocês parecem já saber disso, então talvez haja esperança, afinal.

5) Proximidade/afetividade obrigatória de todos os familiares

Cada um de nós é um lindíssimo floco de neve. Não há dois iguais. Nem mesmo gêmeos idênticos! (É verdade, pode pesquisar.) Portanto, em nome de Gêmeos, como alguém pode esperar que gostemos uns dos outros o tempo todo e que queiramos ficar juntos constantemente? Os familiares que forçam a proximidade entre irmãos, primos ou netos que não gostam uns dos outros estão deixando de ligar o foda-se para as coisas erradas.

4) Fotos em grupo

Eu não esperava que isso ganhasse tal posição, mas, meu amigo, como as pessoas odeiam tirar fotos em grupo. Ao que me parece, a questão é que poucos se importam com a foto em si. Você a verá no Facebook amanhã, dará um "curtir" obrigatório e a esquecerá. Não vivemos mais em um mundo em que as pessoas passam um tempo de qualidade na sexta-feira à noite "virando todas" e olhando os álbuns de família. (Será que alguém viveu nesse mundo?) A desconsideração inerente pela foto se multiplica — como muitos participantes indicaram — pelo fato de que a foto foi tirada "de última hora" (ninguém gosta de um ataque-surpresa) ou porque "tiveram que se vestir igual" (ninguém gosta de se parecer como um integrante da dinastia australiana de xampu).* Novamente, este é um jogo de números; se uma grande parte dos familiares

* Não posso ser a única que se lembra dos comerciais perturbadores de xampus australianos, né? http://i1.wp.com/www.themysticwave.com/wp-content/uploads/2015/05/Aussie_Brand.jpg.

não quiser posar para a foto formal em grupo, TODOS precisam ter coragem e ligar o foda-se. A maioria manda!

3) Histórias antigas

Rivalidades entre irmãos, ressentimentos, briguinhas e DRAMA!!! preencheram a pesquisa como as "famosas" receitas de salada de batatas em reuniões familiares. Está muito claro que todo mundo liga o foda-se sobre quem disse o quê, de quem é a culpa ou de quem a mamãe gosta mais. (Oi, Tomás! Valeu por ler meu livro.)

2) Tradições ultrapassadas da família

À medida que a família cresce e os parentes morrem, assim deve ser com as tradições. Contudo, muitos parecem estar presos num mal-estar à la *Feitiço do Tempo* quando o assunto são os eventos anuais e os rituais ultrapassados relacionados a festas, férias e outras reuniões familiares. O Dia de Ação de Graças pode muito bem ser renomeado para Dia de Ação de Foda-ses. Os feriados religiosos, como Natal, Páscoa e Chanucá são um dogma duplo, com duplos foda-ses. Aquele chalezinho rústico que seu pai alugava todo carnaval desde 1986? Trinta anos depois, está caindo tanto aos pedaços que é melhor pular o feriado e passar o fim de semana com seus próprios filhos no PS tomando vacina contra tétano. Da mesma forma que "só porque somos parentes não significa que não preciso ligar o foda-se para X", só porque é assim que sua família sempre fez algo não significa que é como você precisa fazer isso para sempre. Uma diferença respeitosa de opinião dita com um toque de honestidade e educação pode fazer maravilhas por você. Ou, se tudo der errado, uma norma pessoal contra chalés rústicos.

Finalmente... rufar de tambores, por favor... a resposta número um para "diga algo para o qual você liga o foda-se relacionado à sua família".

Bem, teve empate.

1) Diferenças religiosas e políticas

O fato de esses dois atoleiros ideológicos terem sido mencionados infinitas vezes pelos participantes da pesquisa significa que cada um deles merece um detalhamento com o bom e velho Não Lamento.

Comecemos com a religião. Será como um exorcismo. Um fodercismo, se preferir.

Sou o guardião do meu irmão?

Este é um caso clássico de voltarmos às nossas raízes e àquele primeiríssimo elemento do Método Não Lamento: decidir ligar o foda-se sobre o que os outros pensam. Suas visões religiosas afetam você e só você — o mesmo vale para a tia Jennifer com todos aqueles glória, glória, aleluias da Batista do Sul. Ela tem as opiniões dela e você, as suas. Se for honesto e educado sobre sua diferença de opinião e pedir que a religião não seja mais um tópico de discussão na família, não estará sendo um cuzão. Estará sendo sensato; e, se alguém ficar magoado, não é sua culpa.

Permita-me sugerir aquele tratamento do Robin Williams em *Gênio Indomável*:

Não é sua culpa.

Não é sua culpa.

NÃO É SUA CULPA.

Então, da próxima vez que a tia Jennifer fizer uma referência nada sutil sobre sua propensão para viver em pecado com sua namorada, apenas limpe os ovos Benedict do queixo e diga: "Respeito sua opinião, titia, mas prefiro não falar sobre nossas diferenças de religião na casa da vovó e do vovô em seu 65º aniversário de casamento."

Isso não foi honesto e educado? Nem de *longe* você é o cuzão nesse caso.

Apenas tente. Talvez se surpreenda com o bom resultado. Ou pelo menos em como ela foi pega totalmente desprevenida e, portanto, não consegue responder com nada além de um sorrisinho nervoso, erguendo uma das sobrancelhas excessivamente aparadas.

Não há como exagerar o poder da honestidade. Nem consigo contar quantos foda-ses você *deixa* de ligar quando fica enrolando. Deus, até dizer isso é cansativo.

A questão é: suponho que você nem *tentou* esse método antes porque ficou tão preso na **espiral da obrigação/vergonha/culpa** que se sentiu paralisado. Fraco. Disposto a passar vinte minutos preciosos sendo passivo-agressivamente arengado sobre suas crenças religiosas (ou falta delas) para evitar o que percebe como uma confrontação ainda mais difícil.

Não seria muito bom apenas dizer o que pensa, de forma direta? Apenas... fazer aos outros o que gostaria que fizessem a você? Meu, está tudo lá na Bíblia.

Vote sim para ligar o foda-se

Aqui, contarei uma história pessoal para ilustrar o quanto acredito no Método Não Lamento e como ele funcionou para mim. Os nomes foram mudados para proteger as identidades de certos familiares, mas as circunstâncias são 100% reais, isso eu garanto. Aqueles envolvidos talvez leiam este livro algum dia e se reconheçam, mas não precisam sentir vergonha. O Não Lamento é sobre viver sua melhor vida — e eles não querem estar na outra ponta do *meu* palanque político, assim como não quero estar no deles.

Diferentemente de uma eleição, todos ganham!

Certa noite, meu marido e eu estávamos curtindo um adorável jantar com dois familiares quando o assunto do então presidente de nossa nação — e a veracidade e a integralidade de sua certidão de nascimento — surgiu enquanto degustávamos um delicioso prato de frutos do mar fritos. Alegações foram feitas, opiniões foram dadas e, antes que se tornasse um longo debate, olhei no olho de cada familiar e disse: "Diego, Janete, amo vocês, mas não falaremos sobre isso." Então, voltei-me ao meu marido — que compartilha de minhas opiniões políticas, mas que gosta de falar sobre elas muito mais do que acho necessário — e disse: "Estou falando sério."

Não houve nem sinal de mágoas. Mudamos de assunto, rimos, lambemos o restinho de molho tártaro dos dedos e saímos tropeçando do restaurante.

É ASSIM que deve ser um jantar familiar. E pode ser, se você controlar seus foda-ses corretamente.

Mas e se tudo acabar em lágrimas???

O que estou tentando dizer ao exercitar meu método e enfatizar a importância de ser honesto *e* educado é que, quando o Não Lamento é praticado de boa-fé, estatisticamente há pouquíssimas chances de ocorrer lágrimas. Sempre há uma chance de que as coisas deem errado, claro, mas há uma chance muito maior de que você possa entrar em uma fase totalmente nova de menos conflitos e mais respeito mútuo com seus familiares.

E, se sua família estiver repleta de chorões histéricos, será então que realmente quer que eles continuem convidando você para visitar?

Recuse-se a jogar o jogo da vergonha

A vergonha é solitária e segregadora, e a culpa é um resultado direto da vergonha. Ofereço os resultados de minha pesquisa para mostrar que **você não está sozinho.** Diversos outros estranhos aleatórios do mundo todo fizeram minha pesquisa e provaram que compartilham dos foda-ses relativos a inúmeras discussões familiares.

O que significa que é totalmente plausível que diversos familiares seus ficam tão irritados quanto você quando o tio Júlio usa o peru do Natal como seu palanque pessoal ou quando a prima Renée força todos os convidados a usar pulseirinhas cabalísticas em seu jantar de ensaio.*

E se você não está sozinho, então não precisa sentir tanta *vergonha* com sua decisão de ligar o foda-se.

Há segurança nos números. Ao utilizar o poder do consenso, você se sentirá mais bem equipado para decidir quando verdadeiramente deve ligar o foda-se e prosseguir com confiança.

* Um jantar para os convidados de um casamento, geralmente realizado após um ensaio da cerimônia na noite anterior ao próprio casamento.

Feriados: Uma norma pessoal

Meu marido e eu temos uma norma com relação ao Dia de Ação de Graças, e tem nos servido muito bem. Por favor, sinta-se livre para usá-la ou adaptá-la para seu próprio benefício:

Temos três grupos familiares para visitar todos os anos. Diferentemente de *Orphan Black*, não podemos estar em três lugares ao mesmo tempo. E NÃO QUEREMOS TER FAVORITOS. Assim, há cerca de oito ou nove anos, dissemos às nossas famílias que começaríamos um rodízio de três anos e que, dali em diante, passaríamos o feriado com cada grupo seguindo uma ordem predefinida, sem exceções. Ninguém ganharia um repeteco só porque, *neste ano*, a tia Maria teria uma festona de aniversário, porque os primos conseguiram um descontaço para um cruzeiro (e precisam de nós para fechar o grupo) ou porque alguém tem uma namorada nova que precisamos conhecer. Fale comigo se ela ainda estiver por aí quando chegar sua vez no rodízio. Até faltei o encontro de quinze anos com meus colegas do ensino médio porque aconteceu bem no ano em que a vez era dos meus sogros

Mais cinco coisas para as quais as pessoas ligam o foda-se sobre a família

1. Os grupos de mensagens
2. "Histórias que meus pais me contam sobre pessoas com quem cresci, que eu já sabia do Facebook"
3. "Esconder deles que bebo quando eles são o motivo de eu beber"
4. "O maldito cancelamento hipercrítico"
5. "Os cães dos meus pais, que, inexplicavelmente, eles chamam de 'netos peludinhos'"

(não que me importasse tanto com o encontro, mas isso não vem ao caso). Rígido? Claro, mas **ninguém fica magoado, e isso é algo especial pelo qual ser grata**.

Mas vejam só... Linha de chegada à vista!

Chegamos quase ao fim de nossas Quatro Categorias de Potenciais Situações para Ligar o Foda-se. E, se fiz bem meu trabalho, você já está colhendo um pouco da mágica transformadora. No mínimo, foi apresentado a algumas ferramentas e estratégias novas para conseguir o que quiser da vida e sente-se validado sabendo que há outras pessoas por aí exatamente como você que querem (ou não) fazer as mesmas coisas.

Mas, antes de virarmos a página da Família, há mais uma subcategoria que implora por atenção. Ela persuade. Pressiona. *Demanda* atenção. Você sabe sobre o que (ou quem) estou falando.

Família do cônjuge

Lembra-se do que eu disse sobre escolhas? Bem, a menos que nasça em uma cultura que impõe o casamento arranjado, você pode escolher seu cônjuge, mas *não* pode escolher os familiares dele. Se o casamento fosse assim, a economia seria de "uma noitada" só.

Sim, ao se casar, você basicamente dobrou seus foda-ses para a família em uma tacada só. É como quando recebe um bônus no trabalho e diz, "maravilha!", daí a Receita Federal cobra 50% de impostos e você pensa, "mas que porra é essa?".

Os parentes do cônjuge são basicamente parte do pacote; você realmente queria levar para casa apenas o cônjuge, mas o vendedor acrescentou algumas pessoas a mais de graça. Algumas podem acabar sendo ótimas vantagens, como aqueles descansos de braço com suporte para copos no banco de trás do carro; outras... nem tanto.

Mas, como acontece com sua própria família, na qual você não escolheu nascer, é perfeitamente aceitável dividir os foda-ses para esses parentes de acordo com o que minimiza sua irritação (e maximiza sua alegria), ao mesmo tempo em que trata todos de maneira respeitosa.

Certamente será de ajuda se você e seu cônjuge puderem ter a mesma opinião com relação aos seus foda-ses coletivos, e se você puder concordar em **dividir para conquistar**.

Por exemplo, se um membro de sua família vai se casar, ter filho, fazer aniversário ou celebrar qualquer marco que normalmente encoraja o ato de dar presentes, a energia e o tempo domésticos alocados para adquirir tal presente provavelmente devem recair em seus ombros. E, se o presente vai para alguém do lado do seu cônjuge, será ele ou ela que deverá lidar com isso. (Posso sugerir apenas dar este livro de presente para todo mundo?)

Não há escapatória; haverá muitos itens diários (ou semianuais) acrescentados ao seu Orçamento do Foda-se quando herdar um bando de novos familiares. Mas se pensar a respeito — **eles herdaram você também**. E *seus* valores religiosos, *suas* opiniões políticas, *suas* tradições de datas festivas e *sua* aversão a usar suéteres combinando para as fotos em grupo.

Quando o assunto é ligar o foda-se, talvez vocês tenham mais em comum do que você pensa!

Portanto, ao praticar o Método Não Lamento com relação à família do cônjuge, você pode dar início a uma reação em cadeia que culmina em um aumento de felicidade e harmonia — e uma diminuição de foda-ses dados — para todos os envolvidos.

Reta final

Esta é a última vez que você terá que se aventurar dentro de seu celeiro mental, e os foda-ses para a Família que você vem armazenando estão provavelmente enterrados a um metro de profundidade sob um manto de teias de aranha e ressentimentos. Você tem minha compaixão. Como as decorações de datas festivas, os foda-ses não dados à Família ocupam um espaço valioso mesmo em pleno mês de junho — mas, uma vez que tira o pó deles e os trás para a luz, grande parte do seu trabalho estará feita.

Sendo assim, façamos a lista final, e capriche!

COISAS DE FAMÍLIA* PARA AS QUAIS LIGO OU NÃO O FODA-SE

(*Incluindo a família do cônjuge)

Consolidando suas listas

E aí está! Nesta altura, você adquiriu as ferramentas para decidir se liga ou não o foda-se e classificou todos os seus foda-ses potenciais em categorias gerenciáveis. Você saiu dançando em seu celeiro mental e lançou a luz de sua lanterna metafórica nos cantos mais escuros, iluminando os foda-ses que vem colecionando desde... bem, desde antes de começar a ler este livro.

O Passo 1 do Método Não Lamento — decidir as coisas para as quais liga o foda-se — está totalmente ao seu alcance.

Você deve ter quatro listas extensas das coisas para as quais pode ou não ligar o foda-se para cada uma das quatro categorias (e um formigamento em suas extremidades inferiores). A boa notícia é que agora podemos ir à parte divertida — riscar os itens!

Tenha em mente que "não ligar o foda-se" representa usar seu tempo, sua energia e/ou seu dinheiro em qualquer coisa que está em uma de suas listas. Ao riscar algo e LIGAR o foda-se, você deve GANHAR mais tempo, energia e/ou dinheiro para usar em todas as outras coisas.

Primeiro, você precisa de um canetão preto gigante. Porque não há nada mais satisfatório do que riscar coisas com um canetão preto gigante. Alguns podem até chamá-lo de canetão "mágico"...

Desculpe, não resisti.

Depois, sentado no chão pela última vez com suas listas de inventário — a manifestação física da visita da organização de seu celeiro mental — anote quais foda-ses despertam sentimentos de alegria ou irritação em seu coração, sua mente e suas vísceras.

Um tremor agradável no peito ou nas "partes baixas"? Alegria! Permita que seu canetão passe por cima desses itens — sem encostar neles — como o Anjo da Morte passou sobre os primogênitos de Israel, deixando-os ilesos.

Palpitações, medo, náusea? Todos são critérios para riscar um ou três itens para os quais ligar o foda-se.

Por fim, em *seu* livro, Marie Kondo orienta agradecer a cada objeto — um vestido, uma bolsa etc. — por seu serviço antes de descartá-lo. Mas não estou muito segura de que os itens em sua lista de ligar o foda-se merecem agradecimento, você está? Eles sugaram seu tempo, sua energia e seu dinheiro por tempo demais.

Não, quero que você faça o seguinte:

À medida que seu canetão preto paira sobre os itens que irritam, encoste neles e faça traços firmes nos foda-ses que está prestes a ligar, você deve **pronunciar um "Foda-se" suave e cerimonial para cada um deles**.

É uma sensação boa, não é?

Agora, você está quase pronto para dar o Passo 2 e começar a acumular recompensas mágicas e transformadoras! Estou encantada em ver o quanto percorreu em tão pouco tempo. Mas, veja, sóóóóóó para garantir que estamos alinhados: e aquelas coisas que você *não* riscou de sua lista?

Tem certeza de que não quer repensar nenhuma delas?

Não subestime os foda-ses infrequentes

Pode haver algumas coisas que ainda estão lá porque você pensou, *ah, isso não acontece muito. Provavelmente é mais fácil não ligar o foda-se e não ter que enfrentar as consequências.*

Você não aprendeu nada comigo?

Talvez eu não tenha sido clara o suficiente — e aceito a responsabilidade total por isso —, então repassaremos o conceito da teoria das Janelas Quebradas mais uma vez. **Se você continuar não ligando seu foda-se de forma indiscriminada para as coisas que irritam, esses foda-ses continuarão sendo esperados de você.** Como a papelada inútil e as reprises de *Keeping up with the Kardashians*, é um ciclo vicioso.

Lembra-se de como uma norma pessoal estabelece um precedente de forma positiva? Não ligar o foda-se também estabelece um precedente — e torna exponencialmente mais difícil ligá-lo no futuro.

Se você já se comprometeu em fazer o trabalho dispendioso de separar seus foda-ses em categorias, criar suas listas e desenvolver seu Orçamento do Foda-se, então por que pegar um atalho e continuar a não ligar seu foda-se para as coisas que irritam, só porque elas acontecem uma ou duas vezes por ano?

Seguindo essa lógica, você nunca atingirá a iluminação. Mas continuará a passar todos os Natais de ressaca, cantando musiquinhas natalinas e usando um suéter ridículo.

Não ligar o foda-se

Por fim, se você consultou o fluxograma do primeiro capítulo, trabalhou seus passos e determinou que há, de fato, coisas em suas listas para as quais não deve ligar seu foda-se, então vá em frente e não ligue-o! É fácil fazer isso. Você não precisa de mim para tanto (embora eu lhe agradeça pelo apoio).

Para todas as outras coisas, chegou a hora de colocar em ação o Passo 2 do Método Não Lamento: ligar o foda-se.

III

Ligando o foda-se

Você está prestes a ligar o foda-se. A visão aqui de cima é especial, não acha?

Na Parte II, você aprendeu a qualificar os foda-ses que liga ou não com base em se trazem irritação ou alegria. Você os quantificou com base em se estão ou não de acordo com seu Orçamento do Foda-se. E foi apresentado às ferramentas e à perspectiva — sentimentos, opiniões, honestidade e educação — com as quais fazer os cálculos.

Você se sentou no chão, fez todas aquelas listas e decidiu quando simplesmente ligará o foda-se. Talvez até tenha precisado comprar um marcador preto novo, pois o primeiro ficou sem tinta (já vi isso acontecer). Parabenizo você, realmente.

Mas as coisas estão prestes a melhorar e muito.

Porque, na Parte III..., você de fato LIGARÁ O FODA-SE.

Está animado? Maravilha!

Nervoso? Não se preocupe; eu também estava.

Começaremos visualizando tudo que pode esperar ganhar. Isso deve deixá-lo animadíssimo e pronto para ligar o foda-se como o campeão que é.

A santa trindade foda: Tempo, energia e dinheiro

Tempo, energia e dinheiro são as coisas que você ganha ao ligar o foda-se. E é extremamente útil **deixá-las em modo prioritário na sua mente ao se preparar para dar o Passo 2**. Visualizar seus ganhos libera endorfinas no cérebro. E, em minha opinião profissional, as endorfinas são mágicas.

Assim, tire um minutinho e pense sobre toda a alegria que o Passo 2 trará. Por exemplo:

Tempo

Às vezes, tudo que você quer é uma hora livre para tomar um banho demorado e cortar as unhas do pé. Ao ligar o foda-se para o churrasco vegano de seu vizinho, você recupera aquela hora. Engole essa!

Energia

Às vezes, você quer se levantar de manhã e ir à academia às 6h, quando não tem ninguém olhando. Ao ligar o foda-se para um jantar mal planejado, às 22h na terça-feira (que porra é essa?), pode permanecer sóbrio, descansar e estar com os olhinhos brilhantes e cheio de energia para seu encontro com o elíptico na quarta-feira.

Dinheiro

Às vezes você quer tanto aquelas férias no Caribe que sente a areia nos shorts só de pensar. Ao ligar o foda-se para o casamento de sua amiga do ensino médio, que não entende nem por que foi convidada para começo de conversa, você pode ir correndo e realocar o dinheiro que teria gasto lá antes de ler este livro para comprar a passagem, e sem qualquer peso na consciência. É o Não Lamento voando para as Ilhas Virgens, gatinha!

Coisas que ganhei ao ligar o foda-se

Sono

Sexo

Férias sem e-mails

Um conhecimento semienciclopédico sobre memes de gatos na internet

Noites de sexta-feira no sofá com meu bom amigo Baileys

Confiança

Bronzeado

Tempo, energia e liberdade para terminar um livro foda

Outra forma de visualizar seus ganhos é pegar os foda-ses de sua lista e colocá-los no diagrama de Venn a seguir. Assim, pode ver claramente onde seu tempo, seu dinheiro e sua energia são gastos, e o que pode resgatar ao ligar esses foda-ses.

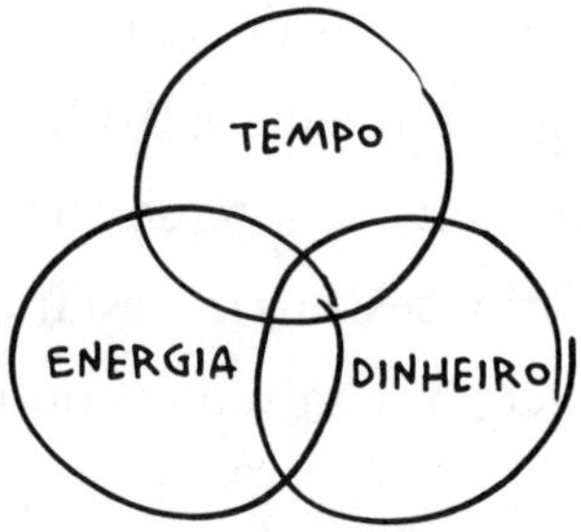

Com isso em mente, vamos rever suas listas.

Marque um *T* ao lado de todos os foda-ses que, quando ligados, resultam em mais *tempo* para você gastar como quiser. Depois, faça o mesmo com um *E* para *energia* e, por fim, com um *D* para *dinheiro* (pode ser difícil ver as letras através da linha de seu canetão preto, mas acho que estão bem frescas em sua memória).

Alguns itens ficarão em apenas um segmento do diagrama, outros em diversas combinações de *T* + *E* ou *E* + *D* etc. E, obviamente, é quando você liga os foda-ses situados bem no centro da intersecção de *T* + *E* + *D* que sentirá a liberdade das maneiras mais prazerosas possíveis.

Infelizmente, também significa que provavelmente precisará dar mais atenção aos sentimentos e às opiniões dos outros, sempre de olho em seu Orçamento do Foda-se, potencialmente desenvolvendo algumas normas pessoais e tomando algumas decisões difíceis para não ser um cuzão.

Mas podemos encarar isso.

Ficou assim meu diagrama final com relação à lista Dez coisas para as quais pessoalmente ligo o foda-se (Capítulo 2):

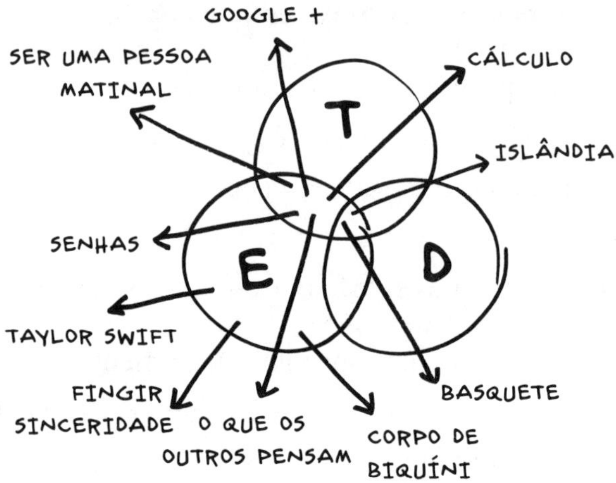

Como pode ver, o meu está carregado com preocupações sobre tempo e energia, e mais leve em dinheiro.

Isso faz sentido, visto que, para mim, o tempo é um recurso finito, a energia é de algum modo renovável sob as circunstâncias certas e sempre haverá como ganhar mais dinheiro (e cartões de crédito).

E, para aqueles que acabaram de se engasgar com o holerite de um salário-mínimo, por favor entendam que, para *mim*, em comparação com o tempo — que começou a diminuir literalmente no momento em que respirei pela primeira vez —, é pelo menos *possível* ganhar mais dinheiro ou pegar emprestado, se precisar; não existe "pegar tempo emprestado". Embora eu tenha certeza de que, se a American Express pudesse emprestar tempo, o faria com uma taxinha de 16,9%.

Mas cada um sabe onde o lhe aperta o sapato! **Na real, não importa *quais* recursos são mais valiosos para você nesse exercício, apenas que aprenda a reconhecê-los.** Independentemente de como fica seu diagrama, observar os itens que vão para as categorias que você considera mais importante será vantajoso quando der o Passo 2.

E ajudará você a recuperar tempo, dinheiro e energia!

Ei, ouviu isso? São suas endorfinas se manifestando. Elas me disseram que você está fazendo um ótimo trabalho.

Passos de bebê

Ligar o foda-se pode ser tão simples quanto desligar o telefone na cara do marketing, dizer que está doente no dia do seu aniversário para faltar no trabalho ou botar um boné para atender o encanador às 7h da manhã em vez de acordar duas horas antes para tomar banho e secar o cabelo, como se estivesse participando de um concurso de gostosas da cidade.

Porém, não importa o quão animado ficou ao fazer suas listas e decidir ligar o foda-se para um monte de coisas, quando chegar a hora de botar a mão na massa, o **Passo 2 poderá ser um baldinho de água fria**. Para evitar ficar todo molhado e com frio, recomendo mergulhar (metaforicamente) novamente no método que você tem aqui.

Com isso, quero dizer para que comece de forma muito deliberada com os foda-ses de sua lista que afetam apenas você. Assim, pode se sentir confortável para dar o Passo 2 antes mesmo de ter que confrontar os sentimentos dos outros (que, como talvez saiba, podem ser *incrivelmente* inconvenientes).

Talvez nem precise ser educado. Na verdade, tudo que realmente precisa ser é honesto — consigo mesmo.

Nível amarelo de ameaça: Foda-ses fáceis de ligar

Quer ligar o foda-se para o drama constante de seus amigos no Facebook? "Desfazer amizade" é uma das maneiras mais fáceis de ligar o foda-se já inventadas. Nada de confrontos e todos os benefícios. Muito obrigada, Mark Zuckerberg!

Quer ligar o foda-se para as rugas? Pare de gastar dinheiro com loções e sérum, tempo para aplicá-los no rosto e energia se preocupando com os visíveis sinais do envelhecimento que — alerta de spoiler — são, na verdade, impossíveis de combater, a menos que seu nome seja Christie Brinkley. Meu amigo, ela é bonitona.

Quer ligar o foda-se para entender o mercado de ações? Pare de tentar entender o *Wall Street Journal* só pela aparência de ser um sabe-tudo nas festas (e quem sabe contrate um assessor de investimentos — os bons se pagam). Em vez disso, use esse tempo para se tornar especialista em algo que já seja muito significativo para você — drinques, talvez? — e deixe que outra pessoa passe todas as dicas de ações para seu grupo de amigos.

Nível laranja de ameaça: Foda-ses meio difíceis de ligar

É quando você passa aos foda-ses que **sugam, de forma clara e irracional**, seu tempo, sua energia ou seu dinheiro. As coisas que — embora possam afetar outros ou demandar uma conversa sobre opiniões e/ou sentimentos — ainda não são seu problema de forma objetiva.

Quer ligar o foda-se para o fato de que seu amigo quarentão vai se mudar amanhã e precisa de ajuda "em troca de cerveja"? A honestidade pura ("não posso me responsabilizar por seus fracassos de adulto") talvez não seja a melhor política aqui, mas ainda pode pular fora educadamente, mencionando algum compromisso vago de trabalho. Afinal, o que ele sabe sobre compromisso de trabalho?

Quer ligar o foda-se quanto a promover sinergia no trabalho? No início, talvez se preocupe que seu chefe reclamará com você sobre isso, mas fique tranquilo, é extremamente difícil quantificar a sinergia e seu foda-se não mudará isso. Reserve essa energia criativa para algo que beneficiará VOCÊ — como bolar um plano para ganhar as apostas de esportes no escritório.

Quer ligar o foda-se para a decisão de seu colega de trabalho em procriar? Facinho, facinho: é só não colocar nenhum dinheiro naquele envelope para comprar fraldas que está circulando no escritório. Está preocupado que as pessoas o acharão mão de vaca? **Por favor, releia a seção Você precisa ligar o foda-se para o que os outros pensam, no Capítulo 1.**

Nível vermelho de ameaça: Foda-ses mais difíceis de ligar

Estes são os foda-ses que exigirão todas as suas ferramentas mais uma boa quantidade de firmeza e, talvez, uma ou duas normas pessoais. **Eles envolvem outras pessoas, têm alto potencial de ferir sentimentos/ser cuzão e, em geral, são socialmente inaceitáveis.** Em outras palavras, coisas que justificam a invenção do Método Não Lamento. Hora de se preparar para a batalha.

Quer ligar o foda-se para casamentos, formaturas e similares da família ampliada? Essas coisas são geralmente planejadas com bastante antecedência. É assim que pegam você. Recomendo um exercício de visualização: antes de confirmar alegremente, sobrecarregando seu Orçamento do Foda-se antes que a bigorna da realidade o atinja, pense em como provavelmente se sentirá *no dia* — ou, pior, na noite anterior, quando estiver na fila do aeroporto indo para o casamento com tema de *Star Wars* de seu primo de terceiro grau do outro lado do país. Como Yoda talvez diria: "Em um lugar escuro nos encontramos, e um pouco mais de conhecimento ilumina nosso caminho." Se conseguir acessar esse reservatório profundo de desespero *antes* de confirmar sua presença, economizará dias (semanas ou meses?) de arrependimento e ansiedade antes do evento, *e* milhares de reais em passagens aéreas e hotéis. Apenas responda com um "lamento" e envie um presente. Que tal uma tábua de carne com o tema Death Star?*

Quer ligar o foda-se para os filhos de seus amigos? Primeiro, você precisa deixar claro que não são apenas os filhos *deles* — são todas as crianças! Dessa forma, é meio que uma norma pessoal (e, caso você tenha filhos, "todas as crianças, menos as minhas" também cola). No entanto, dizer literalmente as palavras "ligo o foda-se para crianças" provavelmente não trará resultados positivos. Talvez nunca tenha que lidar com elas novamente, mas há grandes chances de que também perderá um amigo. Presumindo que você espera que os outros NÃO contem com sua presença em eventos nos quais o convidado de honra é uma criancinha, ou que jamais, *sob qualquer circunstância,* seja solicitado a cuidar de uma — mas ainda quer manter seus amigos —, então precisa acrescentar uma montanha de gentileza útil em sua honestidade. Um pirulito ocasional ou um "que belezinha!" nas redes sociais pode ser muito eficaz. É a filosofia do tipo "uma colher cheia de açúcar ajuda o remédio a descer". (Mary Poppins: Não Lamento desde 1934.)

Quer ligar o foda-se para os filhotes de cachorro? Bem, boa sorte com isso.

---

* http://www.thinkgeek.com/product/iovg/.

Discursinho motivacional

Devo reconhecer agora, neste exato momento, que — mesmo depois de tomar suas decisões sobre quais foda-ses ligar, fazer o diagrama de suas listas e começar com as coisas fáceis — o mar nem sempre será calminho. É óbvio que pessoas como eu e Richard Simons já compreendemos isso, mas, se ligar o foda-se fosse tão fácil assim, você já estaria fazendo isso.

Sim, você aprendeu aqui: talvez fique tentado a voltar atrás um pouquinho. É comum. Tudo bem. Como os anticoncepcionais, o Método Não Lamento é revolucionário, mas não é 100% infalível. Se começar a ter náuseas logo de manhã, é só se lembrar deste conto edificante.

A festa à qual ninguém quer ir

Recorde-se da festa de aniversário com karaokê de um colega do trabalho que vimos na Parte II. Digamos que você decidiu — ao fazer suas listas de categorias — que realmente quer ligar o foda-se para o karaokê, para Timóteo ou talvez para as festas de aniversário em geral. De fato, está muito seguro de que quase ninguém do escritório quer ir à festa, mas, agora que está lendo este livro, é o único com coragem suficiente para dizer não. Você implementa o Passo 2 e não vai.

Sucesso!

Mas daí, no dia seguinte, você se sente um tanto desconfortável. Talvez Timóteo ou os outros estejam lhe dando um gelo (foco: você se importa com o que eles pensam?). Você vacila. Começa a questionar sua decisão de ter ligado o foda-se quanto ao seu colega de trabalho e à festa. Você gasta mais energia se preocupando.

Pode parar.

É importante não confundir o sentimento desconhecido de liberdade com os de arrependimento ou vergonha. Você tomou a decisão certa. Pelo amor de Deus, eles cantaram um álbum *inteiro* de Kenny Chesney! Você não está sentindo uma pontada de arrependimento;* é a própria liberdade com um pouco de pena pelo restante dos colegas.

Colegas esses para cujas opiniões você ligará o foda-se, cedo ou tarde.

Honestidade: Uma escala móvel

Passei bastante tempo nas Partes I e II martelando em sua cabeça as duas chaves para dar o Passo 2 sem ser um cuzão: honestidade e educação. Embora eu admita que em alguns casos ser educado é um exagero (veja a seção "Às vezes não faz mal magoar os outros", no Capítulo 2), a honestidade é, na verdade, digamos, o mais *flexível* dos dois princípios.

* Se realmente acha que está arrependido, está na hora de adicionar Arrependimento à lista de coisas para as quais decide ligar o foda-se.

A honestidade é *geralmente* a melhor política ao ligar o foda-se. Ela tende a nivelar as coisas e ajudá-lo a evitar toda aquela enrolação exaustiva — sem mencionar a "mancada na rede social" quando foi desonesto sobre por que não pôde ir a algum evento e ficou se preocupando em ser descoberto no Facebook ou no Foursquare (ainda existe Foursquare?) "fazendo check-in" ou "curtindo" algum evento rival.

Quantos foda-ses não ligados!

Abordar seus foda-ses sob uma perspectiva honesta lhe permite dizer coisas como "sinto muito, não tenho tempo para ler seu romance autopublicado sobre gnomos, mas lhe desejo tudo de bom" ou "não gosto de chá". Simples e direto, e, se disser isso de forma educada, muito eficaz.

Não magoar os outros *e* não ser pego na mentira é a forma mais pura do Não Lamento. Não haverá nada pelo qual ficar angustiado ou pedir desculpas.

Mas todos sabemos que há momentos em que você deu o Passo 1 e decidiu ligar o foda-se, definiu seu curso de ação mais educado e honesto, porém a implementação do Passo 2 parece... desagradável. A boa notícia é que, mesmo sentindo isso, significa que não é um cuzão. Os cuzões nunca sentem isso.

Meu ponto é que, caso tenha uma sensação de que a honestidade total NÃO é a melhor política, de fato, você pode dar uma camuflada. Para sua referência, compilei uma listinha prática:

Momentos em que a honestidade total talvez não seja a melhor política

Quando envolve a comida que outra pessoa fez.

Quando poderia ser algo tão fácil quanto "uma questão de agendamento".

Quando você não quer falar com o terapeuta de ninguém sobre o assunto.

Quando Papai Noel e criancinhas estão envolvidos.

Ao lidar com uma grávida.

Ao lidar com sua sogra.

Ao lidar com sua sogra grávida.

Foda-ses diferentes, mesmo princípio

Na Parte II, trabalhamos em **decidir** as coisas para as quais quer ligar o foda-se. Depois, no início da Parte III, revimos alguns conceitos para lhe deixar animado. **Agora — usando respostas de pessoas reais como exemplos — vamos logo LIGAR ESSES FODA-SES.**

Isso mesmo, nesta seção, trago minha pesquisa de volta!

Usando os resultados de minha pesquisa anônima, darei a você alguns exemplos de coisas que aparecem regularmente nas listas de foda-ses das outras pessoas e mostrarei como é possível ligar o foda-se para esses itens sem — diga comigo — *ser um cuzão.*

Para facilitar sua prática do Não Lamento, criei três níveis para o Passo 2, dependendo do tipo de personalidade e do quão confortável você se sente ao ser "tonto" com essas tontices.

Comecemos com a Categoria Um: Coisas

Na época em que escrevo este livro, mais de 10% dos respondentes destacaram as Kardashians ou uma delas especificamente (estou falando de você, Kimberly) como algo para o qual ligam o foda-se, com outros 10% respondendo *programas de reality, estrelas da TV* ou *pessoas famosas por serem famosas*. Não sei o que dizer a você — esse problema é maior do que todos nós. Passei um tempinho pensando sobre a pergunta existencial: *se tanta gente liga o foda-se para as Kardashians, então por que elas continuam aparecendo no meu televisor?* Mas cheguei rápido à conclusão: *fodam-se elas.*

Vamos em frente.

Além da turminha dos realities — incluindo bachelor(ettes), housewives não sei de que e os Duggars — algumas outras celebridades apareceram na categoria Coisas para as Quais Ligo o Foda-se, entre elas Madonna, Hugh Jackman e Drake. Acho que é muito fácil prosseguir com o Passo 2 e ligar o foda-se aqui (a menos que você seja a mãe de Drake, acho), então falarei de coisas mais urgentes:

Reciclagem. O Método Não Lamento tem tudo a ver com priorizar a felicidade e preservar seu tempo e sua energia para as coisas com que se importa. Então, se não se importa em salvar nosso planeta...

Iniciante: decida reciclar garrafas e latinhas, mas pare de se preocupar se pode reciclar papel encerado ou isopor. Shhh... não contarei a ninguém.

Intermediário: amigão, coloque aquela montanha de recipientes vazios no lixo normal em vez de se incomodar em separar sacolas e latinhas. Você festejou para valer na noite passada. Precisa de um descanso.

Especialista: delegue a reciclagem ao seu cônjuge ou colega de quarto e ligue o foda-se. Negação plausível. Vá pesquisar.

National Public Radio. Pessoalmente, não tenho nada contra a rádio — ei, pessoal! Sintam-se livres para me chamar a qualquer um de seus programas muito esclarecedores e interessantes! —, mas compreendo o impulso de ligar o foda-se para algo que o resto da sociedade parece fetichizar, especialmente quando servido com uma dose saudável de elitismo (veja minhas opiniões sobre a revista *New Yorker* no Capítulo 2).

Iniciante: quando alguém mencionar a rádio, diga, "espere, segura aí, não me diga", e saia correndo. A pessoa vai apenas achar que você está dando uma de esperto.

Intermediário: faça um programa fake da rádio, diga às pessoas que é seu favorito e curta observá-las fingindo que ouvem o programa também.

Especialista: se teve sucesso em ligar o foda-se para o que os outros pensam, da próxima vez que seus amigos vierem com um papinho todo poético sobre o programa *All Things Considered*, pode manter a cabeça erguida e pronunciar estas cinco palavrinhas libertadoras: "Eu não escuto a rádio."

Nota: rosé. Veja o parágrafo anterior, mas agora use as palavras "eu não gosto de rosé" e deleite-se em observar todo mundo na mesa pensar secretamente, *eu também não. O que estou fazendo com minha vida?*

Quem "realmente" escreveu as peças de Shakespeare. Se você é um estudioso de Shakespeare, é preciso não ligar o foda-se sobre isso ou pelo menos fingir. Os demais? Nem tanto.

Iniciante: quando alguém numa festa argumentar que foi Christopher Marlowe, murmure, "um marloviano então, é?" e cuspa no chão. O outro entenderá sua mensagem.

Intermediário: se ficar encurralado, faça como Hotspur em *Henrique IV, Parte I*. Diga, "Oh, cavalheiros, o tempo da vida é breve!" Depois, vá para outro cômodo e saia à francesa.* (Estra-

* Sair à francesa é quando você vai embora de uma festa ou encontro sem dizer nada a ninguém. Altamente recomendável.

tégia muitíssimo *excelente* para ligar o foda-se em incontáveis circunstâncias, a propósito.)

Especialista: nem vá a essas festas, para começo de conversa.

Game of Thrones. Outra aplicação bastante simples do Não Lamento, visto que ninguém está forçando você com a ponta da espada para ler os livros ou assistir à série (porém, isso seria meio que fantástico, de forma irônica). Mas, em termos de precisar ouvir os outros falarem sobre ler os livros e assistir à série, você ainda precisa estar preparado.

> **Minha resposta favorita na pesquisa**
>
> DRESSAGE: Tive que pesquisar o que era e quando cheguei na parte da Wikipédia que dizia que "dressage é comumente referido como 'balé de cavalos'", acrescentei isso à minha lista de Coisas para as Quais Ligo o Foda-se.
>
> Obrigado por expandir meus horizontes, seja lá quem você for.

Iniciante: "Ah… ainda está falando sobre isso? Sinto muito, viajei aqui. Acho que não me convidarão para assistir ao final — droga!"

Intermediário: um honesto e educado "ei, pessoal, como ligo o foda-se para *Game of Thrones,* estou indo embora agora e vejo vocês na terça-feira de manhã quando concluírem suas hipóteses sobre o que realmente aconteceu com Jon Snow e como foi diferente dos livros".

Especialista: invista em uma camiseta com os dizeres

Dragões Ligam o F*da-se.

Use-a todas as segundas-feiras, conforme necessário.

Redes sociais. Por onde começar? Em nosso mundo moderno, não estar no Facebook é como ser um comunista na Hollywood da década de 1950. Os seguidores da moda não gostam quando outros seguidores da moda não entram na linha. Eu mesma sou usuária/dona orgulhosa de contas do Facebook, X e Instagram (como você sabe, o Google Plus fica de fora). Mas, se você é um dos poucos felizes comprometidos com uma vida sem as "curtidas", fique firme. Não há hashtags aonde está indo.

Iniciante: talvez só escolha uma plataforma, abra uma conta e a esqueça. As configurações de privacidade do Facebook são uma merda, então recomendo ficar no X — é onde a coisa pega, de qualquer modo. As pessoas se comportam muito, muito mal mesmo lá.

Intermediário: tudo bem, não abra nenhuma conta, mas também não fique *falando* que não tem Facebook. Só estará convidando os problemas.

Especialista: já ouviu falar em "Catfish"?

A pessoa pela qual alguém se sente atraído. Parabéns, Iluminado! Se sabe que isso é algo para o qual liga seu foda-se, é extremamente fácil seguir com o Passo 2.

> **Iniciante:** está vendo aquelas duas pessoas do mesmo sexo mordiscando a orelha uma da outra? Não é bonitinho?
>
> **Intermediário:** ao folhear uma revista, você espia a quarta esposa de Billy Joel e sua pele que brilha como uma pedra lunar, em contraste com a rosácea muito sexy dele. Vire a página.
>
> **Especialista:** é *tão grandiosamente fácil* ligar o foda-se para a pessoa pela qual alguém está atraído que, quando alcançar o nível de especialista, você terá um dever perante seus estimados cidadãos de *não apenas* ligar o foda-se, mas recordar a todos aqueles que encontrar durante seu ato de ligar esse foda-se o quão idiotas eles são por se importarem com isso.

Enturmando-se. Isso — ISSO AQUI — é o motivo pelo qual escrevi o livro que você tem nas mãos. Seja você um ligador de foda-se iniciante, intermediário ou especialista, *A Mágica Transformadora de Ligar o F*da-se* é para as pessoas que estão exaustas de mostrar uma faixada de interesse, entusiasmo e conformidade para o resto do mundo. É sobre empoderá-las (você) a se sentir livres para serem elas mesmas (você mesmo) e viver sua melhor vida.

Categoria Dois: Trabalho

Muitíssimas pessoas que participaram da pesquisa responderam que ligam o foda-se para reuniões, conference calls e códigos de vestimenta — itens que já falamos com profundidade na Parte II. Mas aqui temos alguns bordões comuns que obviamente precisam, e muito, do tratamento Não Lamento:

Responder a e-mails não solicitados. Este é um bom exemplo de algo que *tecnicamente* afeta outra pessoa (o remetente), além de você, mas, se a mensagem original não foi solicitada, não conta.

Iniciante: pelo presente, você está autorizado a ligar o foda-se. Pressione "deletar" e passe um tempo extra navegando na internet. Deus sabe que *ela* liga o foda-se.

Intermediário: delete o e-mail *e* bloqueie os remetentes. Isso lhes dará uma lição.

Especialista: use um daqueles programas sofisticados de cancelar assinaturas para toda sua caixa de entrada repleta de newsletters, códigos de cupons e atualizações de vaquinhas online. O efeito se assemelha à sua primeira dose de heroína (é o que me disseram).

Fofoca. Se você realmente não quer ser uma engrenagem na máquina de fofoca da empresa, há inúmeras maneiras de resolver se importando muito pouco.

Iniciante: feche a porta, caso tenha uma. Se não tiver, invista em um bom fone de ouvido. De que vale contar uma fofoca a alguém que está usando fones? Exatamente.

Intermediário: um educado "não quero ouvir" e, depois, cobrir casualmente suas orelhas com ambas as mãos até que a pessoa vá embora deve transmitir sua intenção muito bem.

Especialista: da próxima vez que alguém mencionar sua colega de trabalho Regina e seu hábito de enviar fotos sensuais, apenas levante sua mão e repita comigo: "Vou contar a ela que você disse isso." Voilà! Você não será mais um ouvinte confiável de fofocas.

Dinâmicas de grupo. Já é muito ruim o fato de termos que trabalhar juntos todos os dias; será que realmente precisamos trabalhar o nosso *trabalho*? É como estrelar em um filme ruim de Fellini, mas com um café ainda pior.

Iniciante: tire um dia de folga.

Intermediário: falte por estar "doente".

Especialista: tire um dia para resolver problemas pessoais.

Puxa-saquismo. Na Parte II, eu disse que, para cada coisa para qual você *não* pode ligar o foda-se, deve haver cinco para as quais pode. O puxa-saquismo é uma delas. Faça bem seu trabalho e não deverá haver necessidade de se rebaixar a ponto de bajular o chefe, seu assistente ou a mulher que trabalha no setor de Relações Públicas com quem (há rumores) o chefe está tendo um caso.

Iniciante: apenas não faça isso. É fácil pular fora de algo que nem faz parte da descrição do seu cargo.

Intermediário: se puxar o saco for algo exigido pelo chefe há pouco mencionado, considere tirar uma foto dele com a amante e fazer uma chantagem por e-mail. A mesma quantidade de energia exigida, porém com resultados mais gratificantes.

Especialista: empregue a psicologia reversa. Se há alguns aspectos de seu trabalho para os quais não *deveria* ligar o foda-se, mas você liga, então o puxa-saquismo pode realmente ser útil. É seu mundo, queridão.

Filhos dos colegas de trabalho. Quando o Paulo da contabilidade começa a tagarelar sobre a filha ter ficado em quinto lugar no concurso de soletrar, talvez você ache que ficou sem recursos. Mas está errado.

Iniciante: coloque as mãos na barriga e diga, "Olha, que legal, mas tenho que correr!" É honesto e educado — e Paulo achará que você está com um piriri daqueles (uma ótima palavra para o concurso de soletrar, aliás).

Intermediário: "Ué, que estranho. Quem será que ela puxou?" Honesto e no limite mínimo de educação, algo que nós do ramo denominamos "fechar com chave de ouro".

Especialista: "Que legal! *Minha* filha é analfabeta." Paulo nunca mais conversará com você. Sobre nada.

A missão da empresa. Já ouviu falar sobre o teorema do Macaco Infinito? Apareceu em um episódio de *Os Simpsons*, em que o Sr. Burns tinha mil macacos datilografando em mil máquinas de escrever, sendo a ideia que, com tempo suficiente, os macacos poderiam produzir as obras de Dickens. É essencialmente assim que as missões das empresas são criadas e o motivo pelo qual você deve ligar o foda-se quanto a memorizá-las ou segui-las. Elas são produtos de horas incontáveis de pessoas fazendo "brainstorming" e "grupos de foco", resultando na cópia mais insossa, generalizada, menos ofensiva e geralmente asinina que poderia ter sido criada por qualquer grupo de macacos em qualquer sala de diretoria do país.

TODOS OS NÍVEIS: sugiro que sempre que encontrar uma missão corporativa, em vez de lê-la/absorvê-la, passe dois minutos imaginando uma sala cheia de macacos fumando charutos e datilografando alegremente. Acredito honestamente que seria mais útil para você.

"De quem é essa função?" É uma faca de dois gumes. Claramente, nenhum de nós *quer* fazer o trabalho do outro. Mas eu escuto você em alto e bom som quanto a ligar o foda-se sobre "de quem é essa função" quando isso se torna uma desculpa para não completar uma tarefa perfeitamente simples que está empacando todo o projeto. Marlene, do departamento de roupas íntimas, não está repondo o estoque de calcinhas em tempo hábil, e ninguém mais quer ajudar? Tudo bem, ela é um saco, mas ninguém poderá sair daqui até que todo o Departamento Feminino esteja um brinco.

> **Iniciante:** apenas faça a tarefa você mesmo e fale com a gerência na segunda-feira. Talvez gaste certo tempo e energia, mas irá se divertir com a demissão de Marlene na semana seguinte. Lucro líquido.
>
> **Intermediário:** faça o trabalho dela uma única vez (e planeje falar com a gerência sobre ela), mas, só por zoação, deixe um bilhete da Fada das Calcinhas avisando Marlene que seus dias estão contados.
>
> **Especialista:** sugira que todos tirem no palitinho para ver quem fará a limpeza. Mantenha um palitinho em seu bolso o tempo todo.

O fim de semana — detalhadíssimo — dos outros. Pode ser um choque para alguns de seus colegas de trabalho, mas os fins de semana são o momento em que as pessoas evitam "falar sobre trabalho" e "conversar com colegas do trabalho". Ao voltar à empresa na segunda-feira e se deparar com um colega contando sobre as lições de SUP nos vinhedos de sei lá quem, pode sempre implementar a mesma estratégia do Passo 2 usada com Paulo e sua menina prodígio em soletrar. Como disse certa vez Bert Lance, diretor do gabinete de gestão e orçamento de Jimmy Carter em 1977, "se não estiver quebrado, não conserte".

Iniciante: "Tenho que correr!" [*Mãos sobre a barriga.*]

Intermediário: "É... obrigado pelo visual?"

Especialista: "Meu/minha [esposa/marido/cara-metade] morreu em um maldito acidente de stand up paddle."

Avaliações de desempenho. Provavelmente, você não pode faltar às suas avaliações de desempenho se quer manter o emprego. Mas — e sei que pode parecer contraditório — pode ligar o foda-se para ela enquanto está lá, sentadinho e ouvindo. Por quê? É uma situação em que a sorte já foi lançada. A avaliação já foi feita por seu chefe; hoje é apenas o dia em que você precisa *ouvi-la*.

Iniciante: imagine seu chefe só de cueca. Espero que isso deixe você relaxado, e não com nojo.

Intermediário: imagine seu chefe usando roupas de sadomasoquismo e botas com lantejoulas.

Especialista: *use* roupas de sadomasoquismo e botas com lantejoulas e torne-se imediatamente o Rei do Foda-se.

O quanto seu colega de trabalho é um "verdadeiro fã" de Tarantino. Apenas uma pessoa respondeu isso, mas espero que, seja lá quem você for, esteja lendo este livro, pois isso é como o Santo Graal do ligar o foda-se. Espero que seu colega de trabalho esteja lendo o livro também, pois ele ou ela merece receber o Passo 2 sem parar. Mande ver. Seja totalmente honesto. Nem precisa ser educado. Por favor, tire a si mesmo e a todos os outros no escritório da miséria coletiva.

O foda-se máximo para o trabalho: pedindo as contas

Chegar a esta altura de *A Mágica Transformadora de Ligar o F*da-se* pode significar um confronto com algumas verdades difíceis sobre seu trabalho. Ou seja, que você odeia tudo em relação a ele. Você passeou por seu celeiro, fez suas listas e percebeu que seu arquivo mental está estourando de irritação. As portas não fecham, não importa o quanto as empurre, e você está cada vez mais preocupado que tudo cairá sobre sua cabeça e o matará esmagado.

Se for esse o caso, odeio ter que lhe dizer, mas ligar o foda-se para as conference calls e os filhos de seus colegas não será suficiente. Estamos falando do *Passo 2 ao Extremo: pedir demissão.* Certo, talvez não possa pedir as contas HOJE — não estou dizendo que deva colocar este livro de lado e tacar fogo nas franjas dos mocassins GUCCI de seu chefe, mandando às favas o pensamento sobre seu próximo salário.

Mas pense assim: você já *se importa* com seu salário diariamente. Então, o fato de buscar um novo emprego pode lhe custar tempo e energia em curto prazo, mas isso estará a serviço da alegria em longo prazo! Uma vez iniciado o novo emprego, você estará concentrado novamente em um único foda-se não ligado com relação a um único salário. Quando chegar lá, talvez se dará um novo arquivo mental de presente. Você merece.

Categoria Três: Amigos, Conhecidos e Estranhos

Tomarei um curso levemente diferente aqui, pois as circunstâncias sob as quais você pode ligar o foda-se para itens e eventos relacionados com amigos, conhecidos e estranhos são **mais fluidas, numerosas e complexas do que em qualquer outra categoria**.

E também porque a variedade é o tempero da vida.

A menos que mude de emprego (e às vezes até nesse caso), o Trabalho tem uma lista relativamente finita de foda-ses (o mesmo papo-furado, mas em dias diferentes), as Coisas são praticamente inanimadas e, portanto, exigem menos finesse ao dar o Passo 2, e a Família mantém um rodízio de elenco de foda-ses bastante estável ano após ano (graças, em parte, às encantadoras tradições de dias festivos sobre as quais já falamos).

Mas Amigos, Conhecidos e Estranhos são, no todo, menos previsíveis. Eles entram e saem de sua vida com mais regularidade (em especial os estranhos, que estão constantemente aparecendo com suas petições, suas péssimas habilidades de estacionar e seus "encontros comunitários"), e é comum que se movimentem em bandos, o que pode dificultar o Passo 1, sem falar na execução do Passo 2.

Por sorte, há um evento universal da vida que — se você conseguir, mesmo que de longe, dominar suas curvas e seus desafios labirínticos — oferecerá um modelo para praticamente todas as interações dessa categoria.

Tipo um estudo de caso, se preferir.

Estava se perguntando quando falaríamos sobre casamentos, não é?

Gosto de casamentos. São celebrações divertidas e alegres do amor. Definitivamente, aproveitei e muito os cerca de 42 ao longo de minha vida. Assim, quando o inevitável avaliador da Amazon citar a parte a seguir fora de contexto, apenas tenha em mente que tudo que estou dizendo é o que todo mundo sabe ser verdade: os casamentos abalam muito seu Orçamento do Foda-se.

Sabe o diagrama de Venn? Os casamentos se encaixam perfeitamente na intersecção de tempo, energia e dinheiro.

Os primeiros em que participa são experiências novas. Há danças, bebidas, bolo de graça e talvez uma cabine de fotos. Uhuu, casamentos! Com o passar do tempo — especialmente para os leitores com vinte ou trinta e poucos anos com amigos e familiares da mesma idade —, você participará de muitos outros. Não serão mais tão novidade e, devido à frequência, possivelmente menos divertidos ou, pelo menos, sugarão mais seu tempo e sua energia. Com certeza, muito mais caros. E, de repente, você recebeu doze convites para casamentos — além de eventos relacionados como festas de noivado, chás de cozinha e despedidas de solteiro(a) — e tem uma quantia limitada de dinheiro e dias de férias.

Caso esteja na casa dos cinquenta, sessenta e setenta, agora é convidado para o casamento dos amigos de seus filhos! O que significa que terá muito menos participação na festa, mas que lhe exigirá os mesmos tempo, dinheiro e energia para ir até lá.

Não há vergonha em admitir que você não precisa participar de todos os casamentos para os quais é convidado.

Em geral, faz sacrifícios para participar dos dias especiais de seus amigos (ou filhos deles) e você fica feliz com isso. Mas, às vezes, talvez não possa bancar a ida até o local definido por eles. Talvez queira ir ao casamento, mas não consegue acomodar em sua agenda os dezesseis outros eventos relacionados. Talvez nem conheça essas pessoas tão bem assim. Ou apenas não quer ou não consegue ir por um motivo (ou milhares deles) perfeitamente justificável.

Todos já passamos por isso, mesmo que eu seja a única a admitir por escrito. Os casamentos de outras pessoas são aonde os Iluminados vão para beber vodca barata e quente, e implorar por uma chance nos braços de uma madrinha disposta da noiva.

Foda-ses velhos, novos, emprestados e tristes

O motivo pelo qual os casamentos oferecem um caso de estudo tão útil no grande esquema dos foda-ses da Categoria Três é que **eles envolvem amigos, conhecidos e até estranhos totais, TUDO DE UMA SÓ VEZ**.

Pense nisso da seguinte maneira: seu casamento, seus foda-ses. Acrescente os parentes do cônjuge, e estará de mãos cheias. Mas, quando o assunto é o casamento de *outra pessoa*, você ainda acaba sendo solicitado a não ligar o foda-se para todos os tipos de coisas, cada qual provavelmente vinculada a um amigo ou a um familiar de seu amigo e assim por diante, o que significa que muitas dessas pessoas são meras conhecidas ou estranhas para você.

Por um breve (ou não tão breve) período, você estará herdando a não ligação de foda-ses que pode bancar o PIB de uma pequena nação. A de Tuvalu, digamos, para uma cerimônia pequena. Ou os Estados Federados da Micronésia, para um grande evento com roupa de gala.

Quer ligar o foda-se quanto a contribuir com uma foto para os slides no jantar de ensaio? A prerrogativa é sua, mas isso afeta seu amigo, que PERCEBERÁ a conspícua ausência de suas fantasias de Halloween, e isso também afeta o pobre coitado que foi obrigado a organizar o slide, para começar, e que precisa juntar fotos o suficiente para fazer com que a apresentação em PowerPoint tenha a duração de "My Heart Will Go On" (foda-se o PowerPoint).

Provavelmente também afetará a mãe da noiva, porque tudo afeta a mãe da noiva.

Quer ligar o foda-se quanto a decifrar o código de vestimenta "semiformal para um cocktail casual criativo de verão" para o casamento de seu colega em pleno janeiro na capital? Claro que você pode usar seu macacão azul-marinho (com um foda-se subjacente gritante), mas correrá o risco de (a) horrorizar os parentes do cônjuge, (b) arruinar *pelo menos* duas fotos e (c) deixar todo mundo na festa com inveja de como você está confortável. Possivelmente tanta inveja que alguém derramará vinho "acidentalmente" em seu macacão.

Quando o assunto são os casamentos, o Passo 2 deve ser tomado com muitíssimo cuidado para alcançar o máximo do Não Lamento e causar o mínimo de choro das noivas, de amizades terminadas e dívidas no cartão. Estamos falando de um cuidado tomado no nível daqueles trajes de proteção para materiais ultraperigosos. (Pensando nisso, é realmente uma pena que esses trajes não sejam apropriados para ir a casamentos.)

Mas, quando dominar a delicada dança de honestidade e educação exigida para enfrentar casamentos ligando o mínimo de foda-ses, você estará no caminho da maior alegria possível — e da irritação mínima — não apenas em todos os casamentos dos quais participar (ou não), **mas na vida em geral**.

Isso mesmo, aplicar o Método Não Lamento no casamento de outras pessoas é uma master class por si só!

Mais à frente, detalho quatro cenários relacionados a casamentos para os quais talvez você não queira ligar o foda-se ou ligá-los menos. Eles testarão sua resolução, desafiarão sua adesão ao método e o levarão ainda mais longe no caminho da iluminação. Cada um vem acompanhado de uma **Matriz de Honestidade e Educação**, em que os pontos da matriz denotam a honestidade/educação relativa de sua ação para que possa ver precisamente onde seu objetivo declarado de ligar o foda-se se alinha com a prática máxima do Não Lamento — e onde está perigosamente perto do Quadrante do Cuzão (ou totalmente mergulhado nele).

O casamento em um fim de semana prolongado

A situação: seus amigos se casarão durante um fim de semana prolongado que você tradicionalmente reserva para uma viagem divertida ou um encontro anual da família. O feriado nacional talvez seja a única data em que os noivos possam escapar do trabalho. Ou talvez sejam professores, então eles curtem a semana de saco cheio em outubro. Talvez esperem que as pessoas fiquem felizes por ter o dia de folga para poderem ir ao casamento — e isso é muito legal da parte deles, sério! —, mas agora você precisa escolher entre a "viagem pela qual aguarda o ano inteiro" e "três dias de salmão e conversa fiada em São Paulo". Seu objetivo é escolher a primeira opção.

Como você responde?

O CASAMENTO EM UM FIM DE SEMANA PROLONGADO

O local da festa de despedida de solteiro(a)

A situação: você e sua cara-metade já estão gastando centenas (milhares?) de reais, além de preciosos dias de folga, para viajar até o casamento de seus amigos. Mas, viva, é o dia especial deles! No entanto, as festas de despedida de solteiro e solteira também ocorrerão em locais aos quais terá que ir de avião e se hospedar em um hotel. Digamos que sejam Rio de Janeiro e Bariloche, respectivamente. Se são os melhores amigos do mundo e você quer mover montanhas (e seu cartão de crédito) para fazer isso acontecer, vá sem pensar. É seu foda-se para não ligar. Mas, para os propósitos desta matriz, estamos presumindo que você não pode bancar a combinação de tempo, energia e/ou dinheiro, e que não quer ir — mas também não quer parecer um cuzão.

Como você responde?

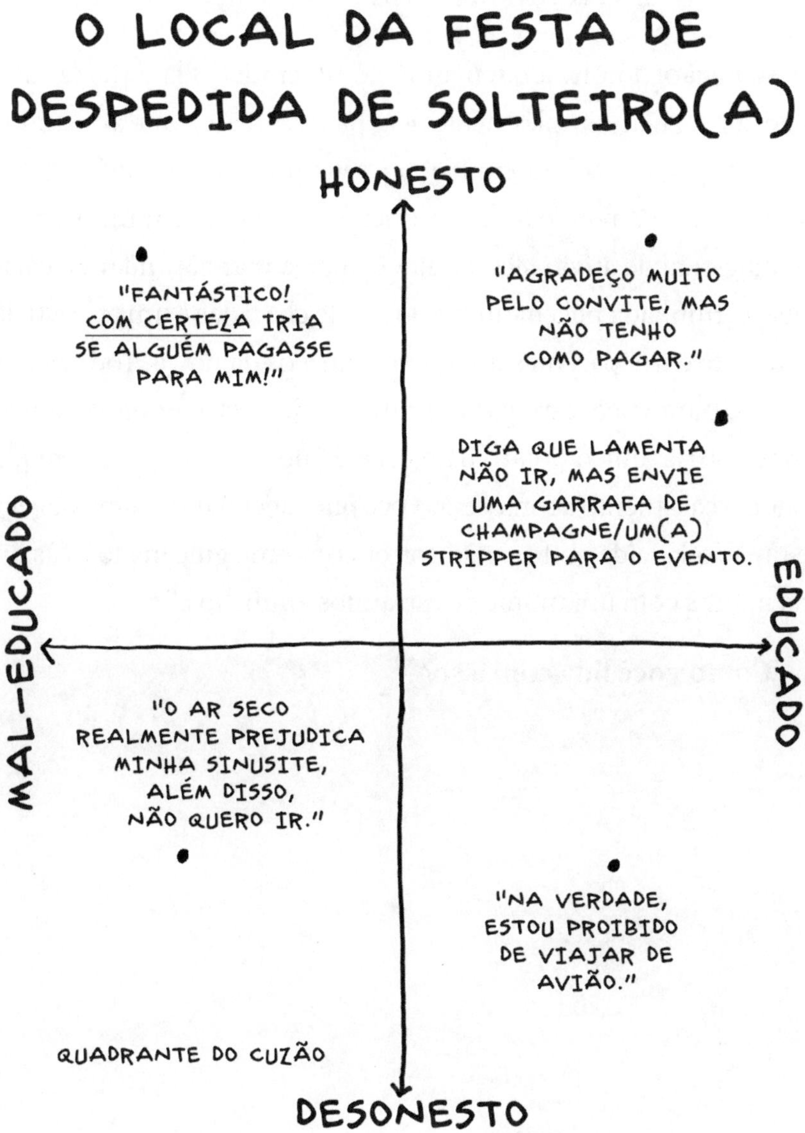
O LOCAL DA FESTA DE DESPEDIDA DE SOLTEIRO(A)
HONESTO
"FANTÁSTICO! COM CERTEZA IRIA SE ALGUÉM PAGASSE PARA MIM!"
"AGRADEÇO MUITO PELO CONVITE, MAS NÃO TENHO COMO PAGAR."
DIGA QUE LAMENTA NÃO IR, MAS ENVIE UMA GARRAFA DE CHAMPAGNE/UM(A) STRIPPER PARA O EVENTO.
MAL-EDUCADO
EDUCADO
"O AR SECO REALMENTE PREJUDICA MINHA SINUSITE, ALÉM DISSO, NÃO QUERO IR."
"NA VERDADE, ESTOU PROIBIDO DE VIAJAR DE AVIÃO."
QUADRANTE DO CUZÃO
DESONESTO

O casamento com seis mil atividades

A situação: a noiva de seu amigo é superativa. Ela e sua família não conseguem simplesmente ficar paradas, caso contrário, todos teriam que começar a confrontar seus próprios *sentimentos*. Assim, com o convite para o casamento, também vem um panfleto adicional de atividades, como ioga pela manhã, andar de caiaque, caminhada pela natureza, jogos de charadas e um torneio de croquete entre parentes do noivo contra os da noiva. Todas essas coisas, para você, estragariam um fim de semana que, de outro modo, seria idílico (e caro para cacete!) no resort com spa chique onde o casamento acontecerá. Você quer agendar uma massagem e uma rodada de golfe, e não sofrer com uma gincana logo às 8h da manhã com um monte de estranhos animados.

Como você lida com isso?

O CASAMENTO COM SEIS MIL ATIVIDADES

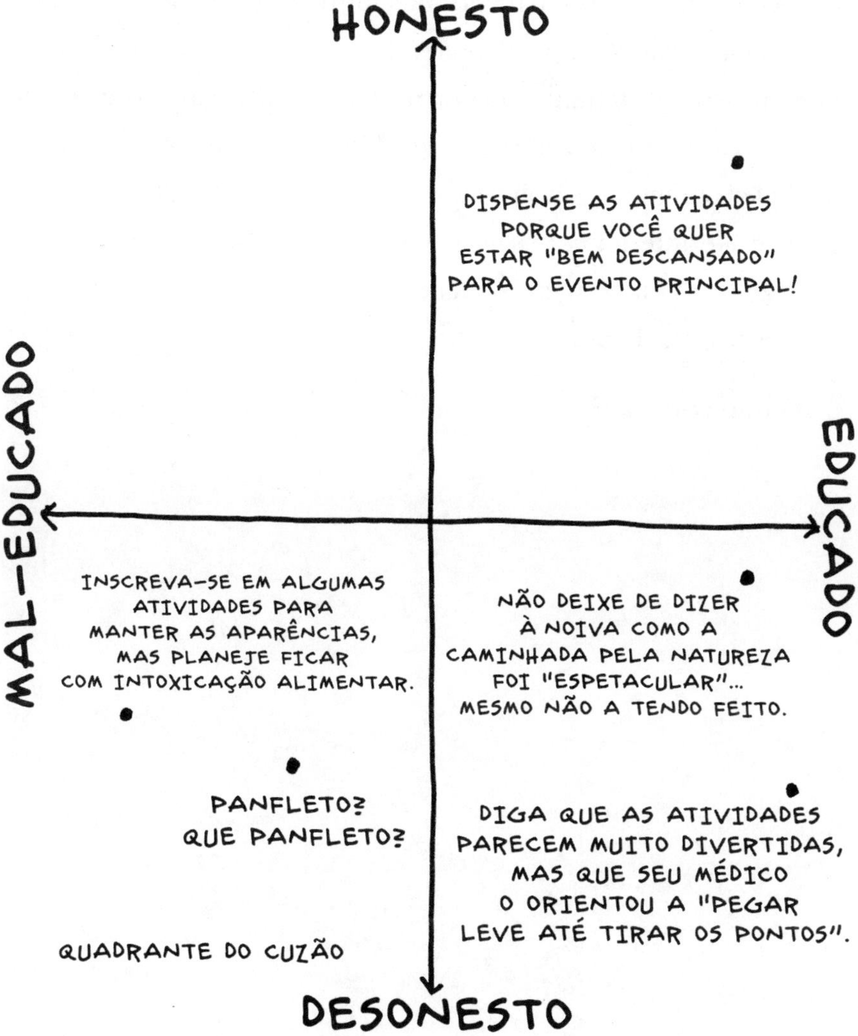

O brunch da manhã seguinte

O cenário: muitos casamentos vêm com brunches para fechar o fim de semana; ocorrem tipicamente antes do horário de check-out do hotel e pelo menos metade dos convidados está com uma ressaca daquelas. Você pretende ser um desses e quer o máximo possível de tempo para dormir e se recuperar antes de pegar seu voo caríssimo de volta para casa. Tampouco quer ver a cara de qualquer parente dos noivos que talvez você tenha escandalizado na noite anterior com seus passos de dança "foi a Rihanna que me fez fazer", muito menos quer comer as torradas secas e aquele monte de ovos do bufê.

O que você faz?

O BRUNCH DA MANHÃ SEGUINTE

Espero realmente que tenha sido um exercício útil. As Matrizes de Honestidade e Educação foram projetadas para mostrar que **o Método Não Lamento é simples, mas não inflexível**. Pode funcionar de formas distintas para pessoas diferentes, dependendo das circunstâncias.

É só não acabar no Quadrante do Cuzão, e você ficará bem!

Está amarelando? Reveja suas normas pessoais

Quando o assunto são casamentos ou apenas a vida em geral, se a lista de foda-ses for longa e sua capacidade para honestidade e educação estiver quase no fim, não esqueça que instituir uma nova norma pessoal para amigos, conhecidos e estranhos é sempre uma opção. Claro, é importante não exagerar nessa tática ou as pessoas começarão a perceber. Pense nela como um técnico orientando uma jogada especial de ataque — precisa pegar de surpresa e ser impossível de defender. Se fizer da forma certa, pode virar totalmente o jogo.

Categoria Quatro: Família

Como vimos na Parte II, foram tantas as respostas parecidas na pesquisa quando o assunto foi Família que praticamente já cobrimos tudo, havendo, talvez, uma omissão evidente.

De fato, com relação a essa resposta, as omissões evidentes são parte do problema. Isso mesmo, estou falando sobre **HERANÇA.**

Sem qualquer surpresa, visto que isso está no âmago da intersecção das ferramentas e das ações que estudamos tanto no Passo 1 (afeta outras pessoas, sentimentos/opiniões, o Orçamento do Foda-se, obrigação/culpa) quanto no Passo 2 (honestidade e educação, ser/não ser um cuzão).

Sendo o assunto dinheiro ou outras relíquias, a questão da herança parece resultar em um número incomum de foda-ses não ligados na forma de tempo e energia gastos barganhando e reclamando sobre quem recebe/merece o que — ou não —, para início de conversa.

Contudo, muito respondentes da pesquisa afirmam que ligam o foda-se quanto a dinheiro/herança quando o assunto é Família.

Hum.

Posso apenas presumir que, sendo o dinheiro reconhecido universalmente como um dos assuntos mais difíceis ou tabu, mesmo aqueles que decidem ligar o foda-se quanto a dividir a coleção de selos do vovô entre os seis irmãos — e que estão dispostos a mencionar isso numa pesquisa anônima — podem ter dificuldade para aplicar 100% do Não Lamento com relação à família.

Herança pode ser um assunto espinhoso, sem dúvida. Mas, se todo mundo que disse ligar o foda-se quanto às questões de herança **realmente ligasse o foda-se** — de forma alta, clara e inequívoca —, poderíamos então gastar nosso tempo curtindo a família e os selos de Cisne Invertido que temos antes de começar a nos lamentar por aqueles que não temos.

É profundo, eu sei.

Bônus por desempenho!

Na Parte II, reconheci que, **quando o assunto é Família, alguns foda-ses são inegociáveis, mas eu disse que lhe mostraria como aproveitar ao máximo uma situação abaixo do ideal**. Assim, se você completou o Passo 1 e decidiu quais são as coisas para as quais liga o foda-se, mas sabe que dar o Passo 2 (ligar o foda-se) é completamente impossível — nem a pau, Juvenal, nem sobre o cadáver de sua mãe, literalmente —, então você também pode, no ato de ligar aquele precioso foda-se, **incluir alguns bônus por desempenho**.

Por exemplo, se simplesmente não puder escapar de uma reunião familiar no Natal, agende uma massagem para o dia seguinte de modo a ter algo pelo qual ficar na expectativa. Ainda melhor, peça que seu presente seja um gift card para a massagem, assim sua família estará basicamente lhe recompensando pelo foda-se que você não ligou.

(#DicaPro: fazer um upgrade para primeira classe no voo de volta para casa também é um bálsamo eficaz, mas caríssimo, para o enervante encontro da família.)

Ou, se você ficar sentado todo aquele tempo no almoço do Rotary em homenagem à sua mãe pelos incríveis serviços à comunidade na qual você cresceu e da qual fugiu imediatamente ao completar 18 anos, furte antecipadamente um daqueles opioides do armarinho de remédios da homenageada.

E, se realmente não puder fugir da foto em grupo, decida usar suas roupas íntimas mais depravadas ou hilárias no dia e garanto que todo o processo será mais suportável. Além disso, quando começarem a chover comentários sobre a foto no Facebook como *Família linda!!!* e *Nossa, como cresceram!*, você terá um prazer secreto em saber que estava usando aquela calcinha fio-dental da FESTA DO VENENO.*

Perguntas NO CU (Não Obstante, Comumente Urgidas)

Ah, como se você nunca tivesse feito um trocadilho ruim. Vá em frente, me julgue. Estou me fodendo, o livro é meu!

De qualquer forma, achei que poderia ser útil falar sobre as perguntas mais comuns que recebi ao falar com as pessoas sobre o Método Não Lamento — perguntas que, tenho certeza, estão surgindo em sua mente, mesmo ao riscar alegremente os itens de suas diversas listas. Sei como é, acredite. Você tomou algumas decisões muito importantes, mas *na verdade* não ligou o foda-se?

* É possível ou não que eu seja a dona orgulhosa de uma calcinha fio-dental da FESTA DO VENENO.

Isso é algo muito mais facilmente imaginado no conforto de sua própria mente do que dito em claro e bom som à mesa do jantar de Shabat. Meu conselho é que aproveite a febre enquanto ela está queimando dentro de você. Não há tempo como o agora para arrumar seus foda-ses e começar a viver sua melhor vida.

Nesse sentido, veja algumas perguntas NO CU para ajudá-lo a se sentir melhor para dar o Passo 2.

P: Ligar o foda-se parece horrível e mal-educado. Você não acha que fazer isso é meio rude?

R: Veja, se você acha que a palavra foda-se lhe constrange, não precisa de fato dizê-la em voz alta. Pode comunicar sua decisão de não gastar seu tempo, sua energia ou seu dinheiro de uma forma que seja "livre para todos os públicos" (como, "confesso que não compartilho de sua opinião sobre X, mas você é quem sabe!"). Não acho que fazer isso seja tão divertido, mas sou eu quem liga o foda-se quanto a isso, não você.

P: Estou preocupado que, se começar a ligar o foda-se para tantas coisas, gostarei tanto disso que me tornarei um merdão preguiçoso sem ninguém ou motivo algum para viver.

R: É uma preocupação válida, mas o objetivo do Método Não Lamento na verdade *não* é chegar ao #Foda-seTotal (uma hashtag divertida, mas impraticável). É concentrar-se nos foda-ses para as coisas que não lhe trazem alegria, *abrindo* caminho para o que importa.

P: **Se ligar o foda-se é tão libertador, por que me sinto tão desconfortável?**

R: Andar pelado por aí também é libertador. Mas pode ser desconfortável, porque a sociedade não está pronta para isso. Você só precisa de um pouco de confiança (e de talco para bebês); você verá.

P: **Como devo explicar isso tudo para minha mãe?**

R: É só lhe enviar um exemplar deste livro. É o que planejo fazer.

P: **Mesmo que tudo o que você disse faça total sentido [uau, muito obrigada!], sei que simplesmente não darei conta de ligar mais o foda-se com relação a ______________.**

R: Tudo que posso dizer é que você não saberá até tentar. Lembra-se de que eu disse que meu marido achou que eu estava totalmente louca quando lhe perguntei se eu poderia arrumar sua gaveta de meias? E veja o resultado!

P: E se eu decidir ligar o foda-se para alguma coisa e, depois de ligá-lo, me arrepender?

R: Pare de ficar enrolando.

P: Eu não gostaria que alguém me dissesse que liga o foda-se para algo que é importante para *mim*, então como posso ligar o foda-se para algo que é importante para *a pessoa*?

R: Deixe-me lhe devolver a pergunta de forma diferente. Você gostaria que as pessoas se sentissem obrigadas e/ou culpadas por fazer algo para você *sabendo* que elas não queriam fazer isso? A resposta a ESSA pergunta deverá ser sempre não, caso contrário, você é um cuzão. E você não saberia que elas se sentiam assim até que elas se sentissem confortáveis para lhe dizer, e vice-versa. É exatamente assim que dar o Passo 2 desbloqueia a mágica transformadora para todos.

Obtendo mais do foda-se que você liga (ou não)

Novamente, quero rever o objetivo abrangente do Método Não Lamento, que não é meramente ligar o foda-se para as coisas que irritam, mas nos libertar de modo a darmos uma importância melhor e de mais qualidade (ou seja, não ligar o foda-se) para as coisas que nos trazem alegria.

A Parte III deste livro falou sobre ligar o foda-se, então prepare-se para desfrutar da segunda metade da equação: ganhar mais tempo, energia e/ou dinheiro para todas as outras coisas.

O que nos leva à Parte IV, onde, segundo dizem, a mágica transformadora acontece...

IV

A mágica de ligar o foda-se transforma drasticamente sua vida

A esta altura de seu estudo do Não Lamento, você começou a ligar o foda-se quanto ao que os outros pensam, desenvolveu habilidades incríveis de alocação de foda-ses e criou uma lista robusta (e um guia prático de referências) das coisas para as quais liga o foda-se, além de uma lista gerenciável das coisas para as quais você absolutamente — 100% — *não* liga o foda-se.

Bravo!

É provável que você já tenha reconquistado centenas de horas usadas com essas pessoas e coisas com as quais não se importa e, se agiu corretamente, não foi demitido e a Gabriela do marketing não botou fogo em sua casa. Você organizou seus sentimentos quanto à obrigação, aos campeonatos no bar e à Islândia. Perdeu apenas aqueles amigos de quem realmente não gostava, de qualquer modo, e evitou fazer novas amizades desnecessárias. Não apenas isso, mas você provavelmente se tornou uma pessoa ainda mais honesta e educada do que era quando começou — o que é um subproduto excelente, permita-me dizer.

Você está se aproximando ainda mais daquele estado iluminado de não ligar o foda-se para o que é essencial, que mencionei na Parte I. Ao organizar seus foda-ses, ligando-os para as coisas que irritam e identificando as pessoas e as coisas que lhe trazem maior prazer e satisfação, você está vivendo sua melhor vida.

Falando nisso, a Parte IV contém até uma lista de foda-ses que você deveria — e poderia — não ligar, agora que tem todo esse tempo, essa energia e esse dinheiro nas mãos.

Foda-ses não ligados que podem abrir um cenário totalmente novo de alegria!

Se ainda não está convencido, por favor, continue lendo...

Um foda-se ligado é um ganho

Na Parte III, recomendei **visualizar seus ganhos potenciais** de modo a facilitar dar o Passo 2. E, presumindo que fez isso — viva! —, vale a pena agora **quantificar exatamente o que você *ganhou*.** Acredito que achará isso muito gratificante e bastante motivador.

Como mencionei, a primeira coisa que as pessoas tendem a recuperar quando organizam seus foda-ses é o TEMPO: para meditar em silêncio na privada em vez de ir correndo para uma conference call; para preparar aquela receita premiada de brigadeiro no domingo à tarde em vez de ler *Moby Dick* para o clube de livro (quem escolheu esse título?); para estar ao lado do amado em vez de, bem, passar tempo com algum cuzão de quem você nem gosta.

E aí, quanto ganhou em tempo até agora? Três horas? Dez minutos? Um fim de semana por mês? Estou sentindo cheiro de lista!

TEMPO QUE GANHEI AO LIGAR O FODA-SE

ATIVIDADE	BENEFÍCIO
Exemplo: não assistir aos VMAs	2 horas
________________	________________
________________	________________
________________	________________
________________	________________

A segunda coisa que o Método Não Lamento faz você recuperar é a ENERGIA. Pode ser tão simples como tirar um abençoado cochilo ou tão complexo como conservar energia ao não realizar uma atividade — aquela aula de CrossFit na qual se matriculou porque foi pressionado pelo amigo — e *gastá-la* em algo que prefere fazer, como finalmente limpar seu carro porque está começando a cheirar como você imagina ser o cheiro daquela senhorinha dos *Goonies*.

ENERGIA QUE GANHEI AO LIGAR O FODA-SE

ATIVIDADE	BENEFÍCIO
Exemplo: não ficar chapado na segunda-feira com as margaritas com os colegas de trabalho	A vontade de estar vivo na terça-feira
______________________________	______________________________
______________________________	______________________________
______________________________	______________________________
______________________________	______________________________

Por último, mas não menos importante, vem o DINHEIRO. Como certa vez disse Will Rogers, o humorista e apresentador dos EUA: “Muitas pessoas gastam um dinheiro que não têm para comprar coisas que não querem para impressionar pessoas de quem não gostam.” É isso aí!

E, sendo o dinheiro muito fácil de quantificar, é especialmente gratificante quando as pessoas aplicam o Método Não Lamento e ele traz resultados financeiros tangíveis. Se você começou a ligar o foda-se para, digamos, roupas de marca — em parte porque começou a ligar o foda-se quanto à opinião dos outros —, pode economizar centenas ou milhares de reais em qualquer ano. Conheço muitas mulheres, especialmente na cosmopolita Nova York, que, para se enturmar, sentem-se pressionadas a gastar com etiquetas de marca quando roupas pela metade do preço ficariam bonitas e as deixariam perfeitamente felizes.

Ou, então, digamos que você seja suburbano e começou a ligar o foda-se quanto a viajar todos os domingos para assistir aos jogos de futebol de seu sobrinho de 6 anos de idade — vamos presumir que é muito improvável ele virar profissional e conseguir aquelas entradas de graça para os jogos da Copa de 2034. Você está economizando não apenas tempo e energia, mas também o dinheiro da gasolina! Aqueles cerca de R$5 por litro vão se acumulando, e a titia precisa de óculos de sol sem marca novos.

DINHEIRO QUE GANHEI AO LIGAR O FODA-SE

ATIVIDADE	BENEFÍCIOS
Exemplo: não ir à despedida de solteiro em Salvador	R$1.000*

Sim, o caminho para a iluminação está pavimentado com horas reconquistadas, um entusiasmo recém-descoberto e dinheiro vivo na mão.

* Ocasionalmente, você precisa gastar *um pouco* de dinheiro para ser um bom amigo e ter paz de espírito. Nesse caso, talvez queira enviar um telegrama cantante, então a fórmula é $ ECONOMIZADO (R$1.000) – $ COM GASTO COMPENSATÓRIO (R$200 no telegrama cantante) = ECONOMIA LÍQUIDA (R$800). Ainda nada mal!

Seus foda-ses afetam seu corpo, sua mente e seu espírito

E não acabou por aí! O que talvez você *não* tivesse previsto ganhar com o simples ato de ligar o foda-se é uma **melhoria geral de sua saúde física e emocional**.

Pense nisto: você não ganhou apenas tempo, energia e dinheiro, mas autoconhecimento, confiança e um grande entusiasmo pela vida. Além disso, você se livrou de muitas dores de cabeça. Literalmente. Sem mencionar azias, ansiedade e náuseas. Lembra-se daquela festa com karaokê do colega de trabalho à qual você não foi? Pense na ressaca que poderia ter tido! Você teria virado todas só para não enforcar o Timóteo do TI com o cabo do microfone. A manhã seguinte teria sido brutal, pode confiar.

Mas, ligando o foda-se? Nada de noite maldormida, dor de cabeça, boca seca na reunião da manhã, contagem silenciosa dos minutos até conseguir cochilar escondido embaixo da sua mesa no almoço nem torcicolo por ter tirado esse cochilo… Veja, as recompensas apresentadas na análise de custo-benefício aqui são inegáveis.

Você tem mais **tempo** para fazer o que realmente quer depois do trabalho (sentar-se no sofá de pijamas comendo Pop Tarts e assistindo a *Ninja — Guerreiro Imortal*);

Você **decidiu** que assistir a *Ninja — Guerreiro Imortal* é mais prazeroso do que cantar no karaokê com o Timóteo do TI (e tomou uma atitude com base nesse conhecimento **porque começou a ligar o foda-se quanto ao que Timóteo ou qualquer outra pessoa pensa** sobre suas prioridades);

Você tem mais **energia** pela manhã para **não ligar o foda-se** quanto a se barbear/depilar sem se machucar (rosto, pernas ou virilha — fazer isso de ressaca não é brincadeira);

E tem o **dinheiro** que teria gastado com tequila e aquela pizza tarde da noite com a qual tentaria (de forma inadequada) "enxugar" todo aquele álcool.

Sim, você ficará assobiando na sala de intervalo enquanto seus colegas de trabalho tiram cochilos desconfortáveis embaixo de *suas* mesas. Provavelmente, fará muito mais coisas nesse dia também, pois eles estarão com uma ressaca brava demais para incomodá-lo!

Considere os benefícios ainda mais empolgantes para seu corpo, sua mente e seu espírito que podem ser obtidos ao simplesmente ligar o foda-se:

Corpo

Muitas preocupações irrelevantes levam a ressacas — já falamos em profundidade sobre isso —, mas e aquelas que levam a dores físicas de verdade?

Lembro-me vividamente de uma manhã em que passei dez minutos a mais jogando Words with Friends contra meu irmão, em vez de sair para pegar o trem. Eu sabia que estava em cima da hora, mas fiquei feliz demais em *aniquilá-lo* com uma jogada de mestre antes de ir para o escritório.

É claro, quando cheguei à plataforma, vi o trem prestes a sair da estação. Corri (de salto alto — antes de começar a ligar o foda-se para isso) para pegá-lo e por poucos centímetros não consegui, torcendo um tornozelo no processo. Estava suando e sem fôlego, inchando rápido e extremamente puta da vida.

Como resultado, acrescentei "correr para pegar trens" à minha lista de Coisas para as Quais Ligo o Foda-se e, desde então, economizei uma fortuna por não ter que ir a ortopedistas.

Mente

O detox mental é ainda melhor do que o físico, pois não termina nos limites de um teto ou das paredes. A parte interna de seu crânio pode estar preenchida por matéria cinzenta melequenta, mas as partes intangíveis de ansiedade, preocupação, pânico e medo ficarão mais limpas do que uma igreja que receberá a visita do Papa. Os benefícios da saúde mental ao ligar o foda-se são vastos e infinitos.

Por exemplo, pense no que pode acontecer daqui a décadas se, *hoje*, você decidir ligar o foda-se quanto a ficar sentadinho no culto dominical na igreja (sinto muito, Papa) e, em vez disso, dedicar sua preocupação para completar as cruzadinhas no jornal de domingo todas as semanas. Seu futuro eu, sem sofrer de Alzheimer, terá uma gratidão gigantesca! Não dá para comprar esse tipo de paz de espírito.

Espírito/Alma

A coisa ficará meio mística por aqui, mas segura as pontas aí um pouquinho. Embora nem todo mundo acredite na definição tradicional de espírito ou de alma como uma força de vida etérea separada de nosso ser físico, aposto que a maioria de nós entende que o conceito de "machucar no fundo da alma" pertence às coisas que nos magoam em um nível profundo e celular. Não as coisas que apenas entopem nossas agendas ou sugam nossa força, mas os tipos de atividades, tarefas ou pessoas que nós sentimos que impõem limitações graves à nossa própria liberdade. Sim, sei que estou parecendo Mel Gibson em *Coração Valente* aqui.

Pois bem, sustento que *liberdade* seja uma outra palavra para *espírito* ou *alma* e que, ao ligar o foda-se para todas as coisas erradas e não ligá-lo para as coisas que o fazem feliz, você pode ganhar o tipo de liberdade que algumas pessoas até descrevem como... ouso dizer... "afirmadora da alma".

Outra maneira de ligar o foda-se

O Método Não Lamento preocupa-se em grande parte com ligar ou não o foda-se. Mesmo quando decidir ligá-lo, o Passo 2 geralmente requer certa *ação* de sua parte — recusar um convite, dizer não a uma reunião ou explicar sua mais recente norma pessoal. E depois há o foda-se que talvez decida *não* ligar, que consome tempo, energia e dinheiro — embora do tipo que você esteja feliz em gastar.

Porém, há outra maneira de ligar o foda-se que, na verdade, é bastante passiva e também transformadora em curto e longo prazos. Igualo essa versão do foda-se a repetir mentalmente a frase *Simplesmente não vale a pena.*

Talvez ache essa técnica útil quando, por exemplo, alguém do outro lado de uma transação necessária — como um chefe ou uma fornecedora de TV a cabo — está sendo um verdadeiro cuzão ou muitíssimo incompetente, mas não há nada que você possa fazer a respeito. Tipo, você pode explodir, causando pressão alta, arriscando perder o emprego e/ou ficar misteriosamente sem sinal de TV. Mas isso não é nada produtivo quando tudo que quer é bater o cartão, ir para casa e assistir à ESPN2 em paz.

Em casos assim, é fácil ser vítima de uma indignação verdadeira, um estado que por si só queima mais foda-ses do que seu adversário babaca/bajulador merece. Em vez de deixar todo esse feitiço consumi-lo como a louva-a-deus fêmea consome seu amante depois da cópula, apenas tente... ligar o foda-se

Diga a si mesmo, *Simplesmente não vale a pena*, e siga em frente.

Passando adiante

Ao se tornar um dos poucos iluminados que vagam pela Terra ligando o foda-se, você inevitavelmente acabará transmitindo sua sabedoria recém-descoberta ao próximo. Nem consigo contar quantas pessoas me ouviram esbravejar sobre os efeitos do meu Método Não Lamento e resolveram, naquele exato momento e lugar, fazer mudanças por si sós. Ajudei colegas de trabalho a ver a luz com relação à papelada inútil, ajudei amigos a tomar melhores decisões sobre o uso de suas férias e até ajudei meus próprios pais a ligar mais o foda-se. Eles estão muito orgulhosos.

Tampouco faço tudo isso para ser altruísta. Foda-se o altruísmo! Faço isso porque ME faz sentir bem — ouça, se ligar o foda-se o faz se sentir ótimo, ajudar outra pessoa a fazer isso faz você se sentir muito melhor.

E, por fim, faço isso porque, se todos nós ligarmos mais o foda-se e formos exponencialmente mais felizes e saudáveis, o mundo será um lugar melhor. Para mim.

Sabendo do que pode abrir mão

Também conhecido como "coisas para as quais provavelmente deveria ter ligado o foda-se, para começar".

Um benefício colateral maravilhoso de aprender a ligar o foda-se é que, à medida que aceita as consequências ou as "dores de crescimento" das primeiras tentativas, você entra gradualmente em um ritmo no qual para de duvidar de si mesmo — o que reduz significativamente o tempo gasto se importando com as coisas, assim como os níveis concomitantes de ansiedade. **A hesitação (e a ansiedade) significa preocupações irrelevantes todas as vezes.**

Nesse sentido, o Método Não Lamento lhe dá as ferramentas e a perspectiva para abordar a vida sob um ponto de vista diferente, o de alguém que pode avaliar de forma rápida e fácil qualquer situação e agir de acordo. E isso permite dedicar o tempo reconquistado (a energia e o dinheiro) a outras coisas.

Aqui está a melhor parte: **você descobrirá que ligar o foda-se para algumas coisas NÃO resulta necessariamente, com o passar do tempo, em uma *substituição igual* de foda-ses não ligados para outras coisas.**

Provavelmente descobrirá que, uma vez que começar a ligar um monte de foda-ses para coisas que não o fazem feliz — e começar a adicionar de volta alguns itens negligenciados que o fazem —, **você nem precisará realmente de tantas coisas em sua vida, para começo de conversa.** Fato é que *não* há 47 tarefas, eventos, pessoas e atividades previamente ignoradas que merecem substituir as 47 das quais se livrou.

Não sei quanto a você, mas, para mim, é simplesmente impossível preencher completamente as 24 horas do dia com coisas para as quais não ligo o foda-se.

Ou seja, tenho muito tempo livre, e isso é bom pra cacete!

Coisas para as quais provavelmente deveria ligar menos o foda-se

Spoiler total: as coisas ficarão um pouco contraditórias aqui. Não diga que não avisei (porque fiz isso na introdução da Parte IV).

Até agora, nos concentramos principalmente em uma proporção de um para um de foda-ses ligados/não ligados — como sair do trabalho às 17h em ponto para pegar o primeiro gol de seu time de futebol ou não ir à festinha de seu amigo em que assistirão à parte final de *Sobrevivente: Macacos versus Robôs*, para poder comer um saco de Tostitos e terminar de ler este livro. Essas são recompensas legítimas e, em muitos casos, até diárias. E elas mudarão sua vida.

Mas, quando pegar o jeito do Método Não Lamento, talvez sinta-se disposto, capaz e até animado a dar uma apimentada nas coisas. **A mágica, como pode ver, pode funcionar em uma escala ainda maior**.

Tenho certeza de que você já viu aquelas listas que circulam nas redes sociais com títulos do tipo "Vinte conselhos de um aposentado para os jovens" ou "O maior arrependimento das pessoas no leito de morte" — e talvez pensou, *dane-se, tenho mais algumas décadas antes de precisar me importar com isso.*

Como Javier Bardem diria em *Onde os Fracos Não Têm Vez*: "Pense de novo, amigão."

A realidade é que, a menos que tenhamos recebido uma estimativa dada por um médico respeitável (e às vezes nem assim), ninguém sabe quando nos livraremos deste fardo mortal. É mórbido, mas é a verdade. Amanhã você pode ser atropelado por um ônibus, estraçalhado por uma alcateia de lobos ou [literalmente] morrer de medo de um palhaço.

Ao pensar nessas coisas dessa forma, você não fica com vontade de fazer cada segundo valer a pena?

Às vezes isso significa não ligar alguns novos e *prolongados* foda-ses, no lugar dos foda-ses a conta-gotas de que tratamos até aqui.

Para ajudá-lo a fazer isso (porque eu sou esse tipo de mulher), tomei a liberdade de vasculhar a internet em busca de inúmeras versões das listas mencionadas há pouco, e escolhi a dedo as cinco maiores preocupações comumente citadas — também conhecidas como **Coisas para as Quais Você Deveria Provavelmente Ligar Menos o Foda-se**. Tenha em mente que isso não deve ser confundido com os ganhos reais em curto prazo que já pode ter conquistado por abraçar o Método Não Lamento. Não, aqui são **objetivos de longo prazo**, cuja realização pode se perder de forma rápida e irreparável nos foda-ses não ligados cotidianamente que dominam a vida da maioria das pessoas.

Sem uma sequência específica, aqui estão:

Viajar

Uma viagem aqui e outra ali como recompensa por ligar o foda-se para qualquer outra obrigação é uma coisa, mas o que as pessoas que enviam essas listas aos anais da internet estão falando a respeito são as viagens para valer. A sede por viajar. O mundo todo. Viajar pode se tornar uma parte constante de sua vida, e não apenas um fim de semana por semestre com os meninos em Tahoe (embora isso seja legal também).

Cuidar mais de sua saúde

Francamente, fazer exercícios para queimar calorias e ficar com meu top suado é algo para o qual ligo o foda-se, mas a saúde não tem a ver apenas com quantos agachamentos com peso você consegue fazer. Tem a ver com objetivos amplos como dormir mais, ficar calmo e talvez não devorar uma pizza inteira de queijo à la Liz Lemon em momentos de estresse, o que tem sido uma situação que aparece não raras vezes para mim, não sei para você.

Aprender outro idioma

Roma não foi construída em apenas um dia, tampouco a fluência em italiano será dominada naquela uma hora que você economizou faltando ao infernal workshop de dinâmica em grupo. Mas, mesmo que não tenha um pingo de vontade de ler Dante no original, vale a pena observar que esse arrependimento é parecido com muitos dos outros — correr uma maratona, digamos, ou ter sua própria horta — que são terrivelmente fáceis de colocar em prática porque *c´è sempre domani.*

Planejar sua aposentadoria

Talvez você ligue o foda-se quanto a ter uma renda estável e sustentável quando estiver velho e decrépito demais para ir ao trabalho todos os dias. Pode ser que sua teoria de trabalho seja "viva ao máximo, aposente-se na penúria". Tudo certo, mas parece que *muitos* sexagenários pensam diferente, então estou apenas dizendo.

Saber fazer uma mágica incrível nas festas

Se você for do tipo de pessoa iluminada que reduziu com sucesso suas obrigações perante Trabalho, Amigos e Família o suficiente para passar algumas horas por semana relaxando e fazendo malabarismos com pinos de boliche em chamas pelo simples motivo de que está com vontade de fazer isso, você oficialmente venceu na vida.

É você quem manda

Mas talvez você seja uma pessoa caseira. Talvez já seja um rato de academia. Ou então, como eu mesma, seja completamente descoordenado e nunca aprenderá a fazer malabarismos. A questão é: você não precisa *não* ligar o foda-se para qualquer coisa dessa lista nem para qualquer outra coisa para a qual UMA PESSOA não ligue seus foda-ses.

Você pode aceitar ou não as minhas sugestões.

*A Mágica Transformadora de Ligar o F*da-se* tem o objetivo de ser ambiciosa e inspiradora — e não tirânica — em seus ensinamentos. Minha opinião sobre karaokê, por exemplo, tem muitas chances de ser impopular com pelo menos metade das pessoas que está lendo este livro. Também pode ser intrigante para aqueles que me viram cantar "Faith" ou "Like a Virgin" sob a influência dupla do punch de rum e da pressão dos pares. Que se dane. Eu tomo minhas decisões e você as suas.

Ao escrever este livro, ouvi não apenas centenas de estranhos anônimos que responderam à minha pesquisa, mas também meus amigos, familiares, minha agente literária e sua assistente, meu editor, meu publicista e outros na editora, bem como alguns estranhos que estavam no lugar certo na hora certa (de nada). A partir dessas conversas, percebi que o caminho de todo mundo à iluminação é pavimentado por uma combinação singular de foda-ses ligados e não ligados, e que a alegria de uma pessoa pode muito bem ser a irritação de outra.

E está tudo bem. Seus foda-ses são *seus* — para valorizar e priorizar, e ligar ou não como achar melhor.

Você também pode mudar de ideia, revisar suas normas pessoais e realocar as coisas de acordo. Já ouviu sobre um crime de oportunidade? Bem, às vezes você pode "cometer" uma oportunidade foda, e isso faz parte do jogo. Tipo, realmente ligo o foda-se para o karaokê, mas, se já estiver no bar, alguém colocar o microfone na minha cara e eu já estiver carregada com Bacardi o suficiente para anestesiar um pônei, bem... as coisas acontecem.

O que estou dizendo é que, no calor do momento, talvez você se pegue não ligando um foda-se inesperado e isso pode até lhe trazer alegria. Ou pelo menos dar alegria às pessoas que estão observando você bancar o bobão, algo que não é a pior coisa que pode fazer por seu próximo de vez em quando.

Fodam-se os haters

Seguindo aquela primeira advertência que dei sobre ligar o foda-se quanto à opinião dos outros, gostaria de dar uma atenção especial a um subconjunto dessas pessoas, também conhecidas como haters. Nesta altura de seu estudo do Método Não Lamento, há chances de você encontrar alguns, e precisa estar preparado. Essa gente está no mínimo perplexa e no máximo profundamente ofendida pelas decisões de vida que você toma. Seja lá qual for o motivo, elas apenas não têm o desejo ou os recursos para aceitar o Não Lamento. E tudo bem! Mas você não precisa ficar para baixo por causa da mente pequena ou da insegurança delas. Sua vida é ótima e está melhorando a cada dia. Fodam-se os haters.

Sobre alcançar a iluminação

Não importa onde se encontrava no espectro do Não Lamento quando começou a ler este livro, acredito que você progrediu em sua busca pessoal de ligar mais o foda-se e juntar-se ao grupo dos Iluminados, dentre os quais eu me incluo, Serena Williams e o apresentador de notícias em Nova York, Pat Kiernan.* É sério, esse cara transformou o ligar o foda-se em *arte* — todos deveríamos ter a ambição de ser mais como ele, que aparece em *O Espetacular Homem-Aranha 2* e no novo *Ghostbusters*.

Mas voltando a você. Chegou até aqui, então deve ter desejado isso tudo pelo menos um pouquinho, certo? Devia estar cheio de ver sua vida como uma série de obrigações a ser cumpridas, pessoas a tolerar e quadradinhos no calendário a ser desesperadamente rearranjados até surgir um abençoado curinga na forma de uma tarde livre.

Ou talvez este livro tenha sido presente de um amigo, caso em que ele ou ela talvez esteja querendo lhe dizer algo.

Seja lá qual foi o caminho que o trouxe até aqui, espero que *A Mágica Transformadora de Ligar o F*da-se* tenha lhe mostrado que tudo isso é possível, e sem ter um colapso nervoso. Duas semanas

* https://en.wikipedia.org/wiki/Pat_Kiernan [conteúdo em inglês].

na reabilitação podem ser legal e tal, mas você não precisa chegar ao fundo do poço só para se afogar lá.

Nossa, isso foi macabro... me desculpe.

O que quero dizer é: o Método Não Lamento não é apenas praticamente prescritivo, mas também profilático! Ele pode tirá-lo do poço e, ainda mais, fazer com que você nem chegue perto dele, para início de conversa. Talvez queira consultá-lo diariamente, como os outros fazem com a santa Bíblia, ou periodicamente, como se fosse um mapa. Você pode tratá-lo como se fosse um GPS para sua alma. Ou pode levá-lo para o campo e atirar nele. Para mim, não importa.

Realmente, Sarah, e por quê?

Acho que você sabe a resposta.

Epílogo

Quando comecei a escrever *A Mágica Transformadora de Ligar o F*da-se,* via muita gente deixando de ligar o foda-se contra sua vontade ou sem a necessidade de fazer isso. Testemunhei amigos trabalhando no fim de semana sem receber qualquer compensação adicional, pessoas concordando com encontros aos quais não queriam ir e meu próprio marido em uma batalha perdida contra um funcionário de call center. Meu espírito fica encorajado em saber que o Método Não Lamento está agora disponível a todas essas pessoas para quando precisarem, uma filosofia central para ajudá-las a viver sua melhor vida daqui em diante.

Em 1837, Hans Christian Andersen escreveu um conto de fadas intitulado "A Nova Roupa do Imperador", em que um monarca delirante desfila pelado pela cidade sob a impressão de que está usando roupas tão belas que são invisíveis a qualquer um que seja "irremediavelmente idiota" — ou foi isso que os vigaristas o levaram a crer. O próprio imperador não consegue perceber, mas é óbvio que ele nunca admitiria isso. Tampouco o fariam seus muitos conselheiros, que não desejavam perder o emprego. E o povo da cidade que assiste ao desfile não apenas finge que vê as vestimentas, mas também faz elogios pela beleza do tecido e a finesse da costura. Quer dizer, até que uma criança grita: "Mas ele não está usando roupa nenhuma!" Por fim, a multidão, libertada pela verdade, admite que agora consegue ver o que sempre esteve diante de si.

Gosto de pensar em mim mesma como sendo aquela criança. Só que o imperador é a sociedade e suas roupas são os fardos que desperdiçam tempo, energia e dinheiro em minha vida, e estou lá gritando: "Ligo o foda-se para tudo isso!"

E você, o povo da cidade, pode fazer o mesmo.

Esse é meu sonho.

E, muito embora eu ainda precise alcançar o nirvana do Não Lamento, estou indo mais longe no caminho da iluminação a cada dia que passa. Por exemplo, nesta semana, comecei a ligar mais o foda-se para comida tailandesa, para assistir à TV tarde da noite (sentirei sua falta, Jon Stewart!) e para o Comitê Democrático Nacional. Parem de me ligar, pessoal. É realmente irritante.

Por fim, passei muito tempo justificando o conceito de ligar o foda-se para pessoas que acham que isso é… um pouco perverso. Meio que cruel. Talvez beirando a sociopatia?

É realmente uma pena. Por um lado, não quero que pensem coisas ruins sobre mim. Mas, por outro, estou aqui ligando cada vez mais o foda-se e vivendo minha melhor vida.

E adivinhe?

Não lamento.

COMECE

A

LIGAR

O

FODA-SE

E

VIVA

SUA

MELHOR

VIDA!

Índice

Q

R

S

T

V